전교1등
공부법도
선택이다

전교 1등

공부법도 선택이다

(전교 1등 공부법 No.3)

1판 1쇄 인쇄 2011년 7월 15일
1판 1쇄 발행 2011년 7월 25일

지은이 | 황병철
펴낸이 | 모흥숙
펴낸곳 | 상상채널
출판등록 | 제2011-0000009호

_이 책을 만든 사람들
편집 | 이경혜, 유아름
기획 | 박윤희
교정 | 안종군(미래채널 실장)
표지 | 이기연(디박스 실장)
마케팅 | 배진호

종이 | 갑을지업
제작 | 현문인쇄

주소 | 서울시 용산구 후암동 123-1
전화 | 02-775-3241~4
팩스 | 02-775-3246
이메일 | naeha@unitel.co.kr
홈페이지 | http://www.naeha.co.kr

값 13,800원
ⓒ 황병철, 2011
ISBN 978-89-965861-2-8

전교1등 공부법도 선택이다

우리 아이 잘못된 공부법을 바로잡자

글 황병철

상상채널

프롤로그

이 책을 읽는 학생들에게

학생이라면 누구나 한 번쯤 '똑같은 시간을 투자해서 공부를 하는데 공부를 잘하는 사람과 못하는 사람이 존재하는 이유는 무엇일까?'라는 생각을 해 본 적이 있을 것입니다. 이러한 의문이 들면 대부분의 학생들은 공부를 잘하는 아이는 머리가 좋기 때문이라고 생각합니다. 과연 그럴까요?

많은 교육 전문가들이 수년간 연구한 결과에 의하면 공부를 잘하고 못하는 것은 머리의 좋고 나쁨에 달려 있는 것이 아니라 공부법을 잘 모르기 때문이라고 합니다. 두 명의 학생이 같은 시간에, 같은 내용을 공부한 후 시험을 치루었다고 가정해 봅시다. 이 경우 시험 성적이 잘 나왔다고 해서 '머리가 좋다'라고 단정할 수 있을까요?

그렇다면 공부법이란 무엇일까요? 공부법이란 단순히 공부를 할 때 사용하는, 소위 '쓰거나 외우는 행위'만을 의미하는 것이 아니라 정신 집중하기, 공부 시간표 효율적으로 짜기, 효과적으로 기억하기, 생각하는 능력 기르기, 두뇌 개발하기 등을 의미합니다. 이렇게 볼 때 공부를 잘하는 것은 머리가 좋아서가 아니라 공부법을 잘 알고 있기 때문이라는 결론에 쉽게 도달할 수 있습니다. 주위에 성적이 뛰어난 친구가 있다면, 이제부터 '공부를 잘하는 아이'라고 생각하지 말고, '공부법을 잘 알고 있는 아이'라고 생각합시다. 공부법을 제대로 알고 실천하면, 초등학교 때 뿐만 아니라 중학교, 고등학교, 그리고 대학에 가서도 높은 성적을 유지할 수 있습니다. 이 책에는 모든 학생들에게 도움이 되는 공부법이 담겨 있습니다. 이 책의 내용대로 인내심을 가지고 하나하나 실천하다 보면 틀림없이 모든 사람이 부러워하는 우등생이 될 것입니다.

전교 1등 공부전략
프롤로그

이 책을 읽는 학부모님께

이 책에 담긴 내용들은 여러분의 자녀들이 앞으로 성적을 향상시키는 데 많은 도움이 될 것입니다. 공부법과 관련된 책들은 많지만 가장 중요한 것은 '그 내용이 얼마나 과학적이며, 많은 학생들에게 적용할 수 있느냐?'일 것입니다. 이 책은 개인적인 경험을 바탕으로 한 것이 아니라 인지 심리학 및 교육 심리학의 이론과 실제를 바탕으로 과학적으로 널리 인정된 공부법만을 엄선한 것입니다.

여러분들의 자녀들이 많은 시간을 공부에 할애하는 것도 중요하지만 이에 못지않게 어떤 방법으로 공부하느냐도 중요합니다. 지금 당장 여러분의 자녀가 어떤 방법으로 공부를 하고 있는지 눈여겨보시기 바랍니다. 이 책에는 자녀의 공부법을 한눈에 알아볼 수 있는 여러 가지 심리 테스트가 포함되어 있을 뿐만 아니라 자녀의 잘못된 공부법을 바로잡을 수 있는 방법까지 제시되어 있습니다.

부디 이 책을 통해 여러분의 사랑스러운 자녀들이 공부에 대해 흥미를 가지게 되고, 더 나아가 공부를 잘하는 학생이 되었으면 좋겠습니다.

이 책은 초·중학생들이 스스로 읽고 공부할 수 있도록 하기 위해 학생들의 시각에서 쓰여졌습니다. 또 학생들을 지도하시는 선생님(학교, 학원)과 학부모님, 그리고 연수 담당자들에게도 아주 유용한 공부법 교재로 사용될 수 있을 것입니다.

2011. 7. 황병철 씀

Contents

Part 03 :: 집중력의 비밀

– 1등과 꼴찌의 차이는 집중력 때문이다

| Special Corener | 숙제 잘하는 방법

수첩이나 알림장을 받드시 준비하라 | 간단한 숙제는 되도록 저녁 먹기 전에 하라 | 다음으로 미루지 말고 계획을 세워라 | 숙제를 값비싼 상품이라고 생각하라 | 재미있는 일은 숙제를 끝낸 다음에 하라 | 수업 중에 정신 집중을 잘하려면 숙제를 꼭 하라

전교 1등 공부전략

01

나만의
공부법 테스트

:: 내가 공부를 잘하고 있는가?

머리가 나빠서
공부를 못하는 것은 아니다

"우리 애는 날(엄마) 닮아서 머리는 좋은데, 좀처럼 성적이 안 올라가요."라는 이야기를 많이 들었을 것입니다. 이 책에는 공부를 잘하는 방법들이 소개되어 있습니다. 이 책에 담긴 공부법을 활용하면 머리가 좋으냐 나쁘냐에 관계없이 성적을 올릴 수 있습니다. 이를 달리 말하면 공부법을 터득하는 데는 성적이나 머리가 좋고 나쁜 것과는 아무 상관이 없다는 것입니다.

이 책에서 소개하는 공부법을 제대로 익히면 공부를 재미있고 효율적으로 할 수 있을 뿐만 아니라 힘겹고 고통스럽게만 느껴졌던 공부가 재미있게 느껴질 것이며, 부모님으로부터 "공부 좀 해라."라는 잔소리를 더 이상 듣지 않게 될 것입니다. 이제부터 마음의 준비를 하고 이 책에서 제시하는 새로운 방식의 공부법을 익혀 보도록 합시다. 먼저 현재 나의 공부법은 어떠한지에 대해 알아보겠습니다.

나의 공부법을 체크해 보자
– self checking

공부법을 점검하기 전에 검사 요령부터 알아보겠습니다. 이 검사는 여러분의 공부하는 방법, 습관, 태도 등을 파악하여 좀 더 능률적이고 효과적으로 공부하는 데 도움을 주기 위해 만들어진 것입니다. 공부하는 습관과 태도는 사람에 따라 다릅니다. 따라서 이 검사에서는 맞는 답과 틀린 답이 따로 정해져 있지 않습니다. 물론 좋은 답과 나쁜 답도 없습니다. 단지 검사 문항을 잘 읽고, 정직하게 답하면 됩니다.

이 검사는 40개의 질문으로 이루어져 있습니다. 답하는 요령은 질문을 하나씩 차례대로 읽어 가면서 그것이 평소 자신이 공부할 때의 요령, 습관, 생각과 어느 정도 맞는지를 표시하면 됩니다. 이 검사는 시간이 제한되어 있지는 않지만 가능하면 빨리 답하는 것이 좋습니다. 특히, 답을 하지 않고 넘어가는 일이 없도록 주의하시기 바랍니다.

연습

질문 : 공부할 때 머릿속에 자꾸 이상한 생각이 떠오른다.

1) 전혀 그렇지 않다   _1
2) 가끔 그렇다   _2
3) 보통 그렇다   _3
4) 대체로 그렇다   _4
5) 항상 그렇다   _5

위의 '연습' 항목에 해당하는 심리 상태를 다음의 각 문항을 읽고, 빈칸에 적어 보세요.

테스트 문제

1	공부방과 책상 위 등은 깔끔하게 정리해 둔다.
2	공부 시간표가 따로 없고, 마음 내키는 대로 공부한다.
3	우리 반에 나를 괴롭히는 친구가 있어서 학교에 가기 싫다.
4	앞서 배운 내용과 다음 날 배울 내용에 대해 알고 있는지 생각해 본다.
5	책을 읽다가 가끔 멈추고 읽은 내용을 이해했는지 생각해 본다.
6	한 번 기억한 내용을 잊어버리지 않도록 하기 위해 반복한다.
7	일요일이나 공휴일에는 따로 공부할 계획을 세운다.
8	책을 읽고 난 후 읽은 내용을 간단히 요약해 본다.

9	친구들과 노느라 숙제나 공부를 하지 못할 때가 있다.	
10	친구들이 미처 생각하지 못한 새로운 것을 생각해 내기도 한다.	
11	계획을 효과적으로 실천했는지 생각해 본다.	
12	책을 읽을 때는 미리 전체 내용을 대충 훑어 본 후에 읽기 시작한다.	
13	텔레비전을 보거나 게임을 하느라 공부를 하지 못할 때가 있다.	
14	항상 보는 것도 그냥 보아 넘기지 않고 꼼꼼하게 살펴본다.	
15	공부 시간표를 만들지만 그대로 실천하기가 어렵다.	
16	무엇을 기억해야 할 때는 정신을 집중한다.	
17	시험을 볼 때 아는 문제인데도 답을 틀릴 때가 있다.	
18	텔레비전은 정해진 시간에만 보고, 노는 것도 정해진 시간에만 논다.	
19	어떤 일이 일어나면 그 원인과 결과를 찾아 내려고 노력한다.	
20	학교에서 배운 내용을 일상생활에 어떻게 응용할 것인지 생각해 본다.	
21	학원을 많이 다니기 때문에 공부할 시간이 항상 모자란다.	
22	시험공부를 할 때 교과서는 별로 보지 않고, 주로 전과나 참고서를 본다.	
23	책을 읽으면서 중요하다고 생각되는 것에는 밑줄을 긋거나 표시를 해 둔다.	
24	한 과목 시험이 끝나고 쉬는 시간에 문제마다 답을 알아본다.	
25	책을 읽다가 어려운 내용이 나오면 알기 쉬운 말로 바꿔 본다.	
26	책을 읽으면서 앞뒤 내용을 서로 연결하여 꼼꼼하게 생각해 본다.	
27	시험지를 받으면 문제를 대충 훑어본 후에 문제를 풀기 시작한다.	
28	시험이 모두 끝난 후 틀린 문제를 다시 확인하며 공부한다.	
29	새로 배운 내용은 전에 배운 내용과 어떤 관계가 있는지 생각해 본다.	

30	책을 읽을 때 어떤 부분이 중요한지를 찾아 가면서 읽는다.	
31	중요하다고 생각되는 것을 찾아 가면서 읽는다.	
32	공부하고 난 다음, 처음의 계획대로 공부했는지를 생각해 본다.	
33	시험 문제를 다 풀고 난 후 답을 맞게 썼는지 신중히 살펴본다.	
34	책을 읽을 때는 무엇을 이해해야 할 것인지를 생각하며 읽는다.	
35	이미 알고 있는 것에 대해서도 여러 가지 의문을 가지고 다시 생각해 본다.	
36	몸이 약해 지각이나 결석, 조퇴를 할 때가 있다.	
37	공부한 내용에 대해 스스로 질문해 보고 답할 수 있는지 점검해 본다.	
38	많은 내용을 이해해야 할 때는 비슷하거나 또는 반대되는 내용끼리 묶어서 이해한다.	
39	공부하기 전에 공부할 과목, 분량, 시간에 대해 미리 계획을 세워 둔다.	
40	선생님이 무서워서 학교에 가기가 싫고, 수업 시간이 되면 겁이 난다.	

채점 방법

다음 표에 질문에 해당하는 점수를 적습니다. 질문 번호에 밑줄이 그어져 있는 경우에는 점수를 거꾸로 적습니다. 예를 들어 1이면 5점, 2이면 4점, 3이면 3점, 4이면 2점, 5이면 1점을 적습니다. 나머지는 그대로 적습니다.

1) 시간 관리 기술

질문 번호	2	7	11	15	21	32	39
얻은 점수							

● 얻은 점수의 합 : _____

    위에서 얻은 점수의 합계를 적어 놓았다가 마지막에 있는 간편 기준표를 보고 해당되는 곳을 찾습니다. 그리고 이에 해당하는 백분위(PR) 점수를 찾습니다. 만일 '시간 관리 기술'에서 얻은 점수의 합계가 20점이라면, 백분위 점수는 60이 됩니다. 이는 100명을 기준으로 했을 때 40등(100~60명)이라는 의미입니다. 백분위 점수의 평균은 50점이며, 75점 이상이면 우수하다고 할 수 있습니다.

2) 환경 관리 기술

질문 번호	1	3	9	13	18	36	40
얻은 점수							

● 얻은 점수의 합 : _____

3) 읽기 기술

질문 번호	5	8	12	14	23	25	26	30	31	34
얻은 점수										

● 얻은 점수의 합 : _____

4) 기억 기술

질문 번호	4	6	10	16	19	20	29	35	37	38
얻은 점수										

● 얻은 점수의 합 : _____

5) 시험 기술

질문 번호	17	22	24	27	28	33
얻은 점수						

● 얻은 점수의 합 : _____

간편 기준표

평가	백분위	얻은 점수의 합계					백분위
		시간 관리	환경 관리	읽기 기술	기억 기술	시험 기술	
아주우수	99	38~	33~	37~	50~	29~	99
	98	36~37	32	35~36	48~50	28	98
	95	35	31	34	46~47	27	95
우수	90	33~34	29~30	33	44~45	25~26	90
	85	31~32	28	31~32	39~43	24	85
	80	29~30	26~27	29~30	37~38	22~23	80
보통	75	26~28	23~25	26~28	34~36	20~21	75
	70	24~25	20~22	24~25	30~33	18~19	70
	65	21~23	18~19	21~23	28~29	17	65
	60	20	16~17	20	25~27	15~16	60
	50	18~19	14~15	18~19	22~24	14	50
	45	16~17	12~13	16~17	19~21	13	45
	35	14~15	11	14~15	16~18	12	35
	30	12~13	10	12~13	14~15	11	30
	25	10~11	9	10~11	13	10	25
부족	20	9	8	9	12	8~9	20
	15	8	7	8	11	6~7	15

요약표

구 분	시간 관리	환경 관리	읽기 기술	기억 기술	시험 기술
① 백분위 점수(PR)					
② 등 수					

요약표의 ①에는 자신의 백분위 점수를 적고, ②에는 숫자 100에서 자신의 백분위 점수를 뺀 수를 적으세요. 100명 기준으로 자신의 등수를 알 수 있습니다.

- 백분위 점수(기준표의 PR 숫자)는 대체로 25점 이하이면 낮고, 25~75점이면 보통이며, 76점 이상이면 높다고 할 수 있습니다.
- 등수는 100명 중의 등수를 말합니다(100−백분위 점수).

요약표를 분석해 보면 어느 영역의 학습기술이 부족한지를 알 수 있습니다. 자신이 무엇이 부족한지를 알고 난 후, 이 책에서 소개할 여러 가지 공부법들을 익히면 여러분도 공부를 잘하고 칭찬받는 학생이 될 것입니다.

나는 논리적인가?
나의 판단력을 높여 보자

자신의 의견을 주장하거나 타인의 의견을 평가하고 판단하는 데는 충분한 근거와 이유가 있어야 합니다. 우리가 흔히 말하는 논리적·비판적 사고 능력이란, '타당하고 충분한 근거를 사용할 줄 아는 능력'이라고 할 수 있습니다. 우리가 올바른 근거를 사용한다는 것은 그 근거가 타당하며, 신뢰도가 높다는 것을 의미합니다. 판단을 한다는 것은 그만큼 어려운 일 중의 하나입니다.

지금부터 이 책의 중간 중간에 실린 재미있는 이야기를 통해 우리가 어떤 이야기, 사건, 연설, 주장, 사설 등에 대해 잘못된 판단을 하고 있는 부분은 무엇이며, 어떻게 판단하는 것이 옳은지에 대해 알아보겠습니다.

옛날 어떤 마을에 심술궂은 영감이 살고 있었다. 어느 날 그는 도끼를 잃어버렸다. 그는 이웃집 사람이 훔쳐 갔을 것이라고 생각했다. 그런 생각을 가지고 이웃집 사람을 살펴보니 걷는 모습이 도끼를 훔친 사람 같아 보였으며, 표정, 말투 또한 도끼를 훔친 사람 같아 보였다. 얼마 후, 그는 뒷산 골짜기에서 자기가 잃어버린 도끼를 찾게 되었다. 그 후로는 이웃집 사람의 모든 말이나 행동이 도끼를 훔친 사람 같아 보이지 않았다.

짧은 이야기 긴 생각

어떤 사실을 판단할 때는 충분한 근거가 있어야 한다. 위의 이야기 속에 등장하는 심술궂은 영감은 충분한 근거도 없이 이웃집 사람이 도끼를 훔쳤을 것이라고 생각했다. 이런 판단을 내리고 보니 이웃집 사람이 영락없이 도끼를 훔친 사람으로 보였다. 이처럼 선입견을 가지고 사물을 판단하면 정확한 판단을 할 수 없게 된다.

● 잠깐 쉬어가기 : 옛 사람 공부 산책

"더위 속에 먼 길을 가느라 탈이 없었느냐? 마음에 염려를 놓을 수 없구나. 나는 여전하다만 찌는 듯이 혹독한 무더위가 고생스러울 뿐이다. 이에 생각하니 죽음을 앞둔 노년에 이렇듯이 공부를 전혀 하지 않고 있으니 너무도 두려워 마음을 잡을 수 없구나. 너희들은 젊었을 때 노력하여 훗날 늙어서 공부하지 못한 탄식을 남기는 일이 없도록 하기를 지극히 바라고, 또 바란다."

– 길암 이현일(1627~1704년)이 손자 훤에게 보낸 편지글 중

02

시간 관리의 중요성

:: 공부는 규칙적으로 해야
효율성이 높아진다

공부 시간표는
꼭 만들어야 하나요?

학교 선생님은 여러분들이 알고 싶어 하는 모든 것들을 가르쳐 줄 수 없습니다. 선생님이 몰라서 그런 것이 아니라 여러분들을 가르칠 시간이 한정되어 있기 때문입니다. 그렇기 때문에 여러분들은 학교 공부를 마친 후에 시간을 따로 마련하여 공부를 해야 합니다. 학교에서 공부하는 것만으로 그날의 공부가 모두 끝났다고 생각하면 안됩니다. 학교를 마친 후에 여러분이 해야 할 일은 매우 많습니다.

숙제하기, 준비물 챙기기, 컴퓨터 게임하기, 친구와 놀기, 그리고 성적이 좋지 않은 과목 보충하기, 학교에서 배운 내용 복습하기, 학원가기 등 매우 많은 일들을 해야 합니다. 경우에 따라서는 어른들보다 더 많은 일들을 해야 할 수도 있습니다.

바쁜 학생일수록 시간을 아껴 써야 합니다. 많은 학생들은 일정하고 규칙적인 계획 없이 쫓기듯이 생활합니다. 그나마 스스로 공부만 해도 다행입니다. 어떤 학생들은 부모나 학원 선생님이 일일이 알려 주어야 합니다. 그러다 보면 매일 시간에 쫓겨 이것저것하다가 시간만 낭비하게 됩니다.

공부를 규칙적으로 한다는 것과 계획을 세워 생활한다는 것은 수학 문제를 푸는 것보다 훨씬 중요합니다. 왜냐하면 공부를 계획적이고 규칙적으로 한다는 것은 모든 공부의 기초이기 때문입니다. 계획을 세워 공부하지 않고, 이것저것 닥치는 대로 해도 공부를 잘하는 경우가 있기는 하지만 그 성적이 결코 오래 가지 않는다는 것을 명심해야 합니다.

학교 공부를 마친 후부터 잠자리에 들 때까지의 시간을 얼마나 잘 사용하느냐는 공부를 잘하기 위해 통과해야 하는 첫 번째 관문이라고 할 수 있습니다. 그렇다고 해서 여러분들에게 하루 종일 공부만 하라고 강요하는 것이 아닙니다. 다만 친구들과 노는 시간, 텔레비전을 보는 시간, 그 밖의 여가 시간 등을 균형 있게 조절해야 한다는 것입니다.

초등학교 4학년 정도되면 스스로 공부하려는 마음이 생기게 되고, 공부를 열심히 하여 훌륭한 사람이 되고자 하는 욕심이 생깁니다. 즉, 스스로 자신의 목표를 가질 수 있으며, 목표를 달성하려는 의지가 생기고, 계획을 세워 계획적으로 행동할 수 있게 되는 것입니다.

계획을 세워 공부를 하면 여러분의 머리가 계속 발달합니다. 적어도 하루에 3~4시간 정도 반드시 공부하는 습관을 들여야 합니다. 매일 필요한 만큼의 공부를 꾸준히 해야만 작은 성과라도 거둘 수 있습니다.

나만의 공부 시간표를 만들어 본다

오늘 하루 생활을 돌이켜보세요. 별로 공부한 것이 없는 것 같은데 벌써 하루가 다 지나갔지요? 따라서 공부를 시작하기 전에 공부 시간표를 만들고, 이 시간표에 따라 공부를 하는 것은 매우 중요합니다.

공부 시간표란 학교에서 공부하는 수업 시간 이외의 시간을 어떻게 잘 사용할 것인지를 계획하는 것을 말합니다. 공부 시간표의 종류에는 '일일 공부 시간표'와 '주간 공부 시간표'가 있습니다.

시간표는 하루 또는 일주일 동안 자신이 해야 할 일이나 특별히 해야 할 일에 대해 시간 계획을 세우는 것을 말합니다. 예를 들어 친구들과 모여서 숙제를 몇 시부터 몇 시까지 한다거나 엄마의 일을 몇 시부터 몇 시까지 돕는다거나, 학원에서는 몇 시부터 몇 시까지 공부를 한다는 등의 구체적인 계획을 말합니다.

여러분도 두 가지 종류의 공부 시간표를 만들어 놓은 다음, 그것을 부모님과 함께 의논해 보세요. 부모님의 의견을 참고하여 계획을 수정한 다음, 하루하루 이 시간표대로 생활하기 바랍니다.

공부 시간표를 만들 때는 기본적으로 지켜야 할 규칙들이 있습니다. 여러분이 자신의 능력과 기본적인 생활 패턴을 고려하여 공부 시간표를 만든다면, 만들어진 시간표대로 실천하는 일은 그리 어렵지 않을 것입니다. 그리고 계획대로 하나하나 실천하다 보면 자신이 해냈다는 것에 대해 자신감도 얻을 것입니다. 그럼 지금부터 공부 시간표를 만들 때 어떤 점에 주의해야 하는지에 대해 차근차근 알아봅시다.

⬤ 잠깐 쉬어가기 : 옛 사람 공부 산책

"충녕은 천성이 총명한데다 학문을 좋아하고 게을리하지 않아 아무리 추운 겨울이나 무더운 여름이라 하더라도 밤새도록 글을 읽느라 손에서 책을 놓지 않으며, 정치의 대의와 체계를 통달하였으니, 나는 충녕을 세자로 삼고자 한다."

– 태종이 충녕대군(세종)의 공부 자세를 평가한 대목

시간 계획표 만들기

아래 표와 같이 아무 것도 적혀 있지 않은 시간 계획표를 만든 후, 위쪽에는 요일을 적고, 왼쪽의 세로 줄에는 시간을 적어 보세요. 그런 다음, 매일매일 반복되는 일들을 먼저 기록해 보세요. 예를 들어 학교 수업 시간, 과외 시간, 학원에 가는 시간, 등·하교 시간, 잠자는 시간 등을 빠짐 없이 기록하세요.

시간 계획표(예시)

구분	월	화	수	목	금	토	일
06 : 00							
07 : 00							
08 : 00							
09 : 00							
10 : 00							
11 : 00							
12 : 00							
:							
01 : 00							

이제 남은 시간들을 어떻게 사용할 것인지 생각해 보세요. 예를 들어 1주일에 몇 권의 책을 읽을 것인지, 영어와 수학 공부는 얼마만큼 할 것인지, 성적이 떨어진 과목은 몇 시간 동안 공부하여 보충할 것인지 등을 생각해 보세요.

다음으로 예습과 복습 시간을 기록하세요. 복습 시간은 집에 돌아온 후 가능하면 빠른 시간 내에 하도록 하고, 예습은 잠자기 전에 하도록 하세요. 복습은 그날 학교나 학원에서 배운 내용을 중심으로 살펴보도록 하고, 예습은 교과서를 중심으로 하되, 내일 배울 과목의 내용을 한번 훑어보는 정도로 마무리하세요. 만약 모르는 낱말이 있으면, 사전을 찾아 해당 부분에 메모를 하세요.

여가와 오락 시간을 정해 두는 것도 잊지 마세요. 독서하는 시간, 텔레비전을 보는 시간, 친구와 노는 시간, 컴퓨터 게임하는 시간, 기타 오락하는 시간들도 마련해 두세요.

실천! 실천!
시간표만 짜는 것은 의미가 없다

　실천을 하지 못할 공부 시간표는 없는 것만 못합니다. 대부분의 학생들은 시간표를 만들어 놓고 며칠 동안 잘 지키다가 중간에 흐지부지하는 경우가 많습니다. 이는 학생 자신이 인내와 끈기가 없기 때문일 수도 있고, 공부 시간표를 무리하게 만들었기 때문일 수도 있습니다.

　간혹, 친구가 만들어 놓은 시간표를 그대로 베껴서 사용하는 경우도 있는데 이는 결코 바람직하지 않은 태도입니다. 학생들마다 공부하는 방법이 다르기 때문입니다. 따라서 스스로에게 알맞은 공부 시간표를 만들어 사용하는 것이 가장 바람직합니다.

　공부 시간표에서 비어 있는 시간은 여러분이 하고 싶은 일을 하는 데 사용할 수 있습니다. 좀 더 효율적인 공부 시간표를 만들기 위해서는 다음 사항에 유의해야 합니다.

첫째, 숙제하는 시간을 포함해야 합니다.

둘째, 40분 공부하고 10~20분 정도 휴식을 취하도록 합니다.

셋째, 40분 동안 교과서나 책을 몇 쪽이나 읽을 수 있는지 알아보고, 그 결과를 공부 시간표를 작성할 때 반영하는 것이 좋습니다.

넷째, 40분 동안 수학, 국어, 과학 문제 등을 각각 몇 문제씩 풀 수 있는지 알아보세요.

다섯째, 가능하면 매일 같은 장소, 같은 시간에 공부를 하는 것이 좋습니다. 같은 과목을 여러 장소에서 공부하면 집중력이 떨어집니다.

여섯째, 토요일 오후와 일요일 오전에는 충분한 휴식을 가져도 좋습니다. 그러나 일요일 오후에는 월요일에 배울 과목의 내용을 꼭 예습하도록 합니다. 일요일 오후에 예습하는 시간을 남겨 두세요.

일곱째, 규칙적으로 운동하는 시간을 마련합니다. 규칙적이고 적당한 운동은 몸을 튼튼하게 만들 뿐만 아니라 머리에 산소를 공급하기 때문에 공부에 집중하는 데 도움을 줍니다.

여덟째, 음식을 골고루 먹도록 노력해야 합니다. 편식을 하지 말고 골고루 먹어야 합니다. 특히, 아침밥은 반드시 챙겨 먹는 것이 좋습니다. 식사를 거르면 수업 시간에 집중하기가 어렵습니다. 배가 고플 때는 적당히 먹은 후에 공부하는 것이 더욱 효과적입니다.

아홉째, 확정한 시간표는 제일 잘 보이는 곳에 붙여 두어 항상 확인해야 합니다.

공부 시간표는 여러분이 이제까지 무심코 흘려보냈던 시간들을 저축하는 효과가 있습니다. 일주일 시간표는 1학기 때 한 번, 2학기 때 한 번 정도 만들면 됩니다. 그리고 겨울방학과 여름방학을 위한 특별한 시간표를 만드는 것도 매우 중요합니다.

　여름방학 때는 뒤떨어진 과목을 많이 보충하는 데 많은 시간을 할애해야 합니다. 겨울방학 때는 공부한 내용을 한 번 총정리해 보고, 상급 학년의 과목에는 어떤 것들이 있으며, 공부 내용은 어떤지를 미리 살펴보는 일도 중요합니다. 그리고 방학 때는 공부뿐만 아니라 음악, 미술, 글쓰기, 붓글씨, 등산, 여행, 책읽기 등의 취미 활동을 하는 것이 좋습니다. 공부뿐만 아니라 이런 일들도 균형 있게 실천할 수 있도록 공부 시간표를 만들어 보세요.

공부하고자 하는
의욕을 끌어 올리자

학습 동기를 유발하면 공부가 흥미있게 느껴지고, 스스로 공부하고 싶은 마음이 생깁니다. 공부하고 싶은 마음을 가지고 공부하는 것과 억지로 공부하는 것이 어떠한 차이를 가져오는지는 여러 실험 결과를 통해서도 밝혀진 바 있습니다. 즉, 공부하고 싶은 마음이 있을 때 공부를 하면 공부가 더욱 잘되고, 시험 성적도 높아집니다. 공부하고 싶은 마음이 생기도록 하기 위해서는 다음과 같은 방법을 활용해 볼 필요가 있습니다.

첫째, 공부를 해야 하는 이유가 명확해야 합니다. 자신이 상급 학교에 진학해야 하는 이유를 생각해 봅니다. 남이 가니까 나도 가는 것인지, 아니면 그것이 자신의 꿈을 이루기 위한 것인지를 진지하게 고민해야 합니다.

둘째, 어떤 직업을 가질 것인지 생각해 보아야 합니다. 직업을 선택하기 위해서는 가장 먼저 자신의 흥미나 적성이 무엇인지를 알아야 하고, 원하는 직업을 갖기 위해서는 어떻게 해야 하는지를 알고 있어야 합니다.

셋째, 목표는 구체적이어야 합니다. 즉, 진로나 전공이 구체적이어야 합니다. 그래야만 꿈을 현실화할 수 있습니다. 목표를 성취하기 위해서는 현재의 성적이 어떠해야 하는지를 알고 있어야 합니다. 계획이 잘못되었다면 즉시 수정하는 것이 좋습니다. 이때는 선배 또는 친구의 조언이 도움이 되기도 합니다.

넷째, 심리적 갈등을 없애야 합니다. 공부에 방해가 될 만한 외부 자극이 있다면 즉시 차단하는 것이 좋습니다. 자신과 비슷한 장래 희망을 가진 친구들과 사귀어 두는 것도 좋습니다.

다섯째, 자신감을 가져야 합니다. '할 수 있다', '한다' 등의 긍정적인 생각을 하도록 노력해야 합니다. 언젠가는 자신의 목표가 반드시 달성되리라는 신념을 가져야 합니다. 어떤 경우이든 최선을 다하고, 나쁜 결과에 대한 원인을 남에게로 돌리지 말고 자신에게로 돌립니다.

여섯째, 선의의 경쟁을 해야 합니다. 혼자 공부하지 말고 친구들과 같이 공부하며, 모르는 것이 있으면 친구에게 물어서 반드시 알고 넘어가도록 합니다. 자신이 잘 알고 있는 것이 있으면 친구들에게 이야기해 주도록 합니다. 친구들과 공동의 목표를 정해 놓고 서로 선의의 경쟁을 벌이는 것은 서로의 발전에 도움이 됩니다.

"나는 몇 년 전부터 독서에 대해 대략 알게 되었다. 책을 그냥 읽기만 하면 하루에 천 번을 읽어도 읽지 않은 것과 마찬가지라는 것을……. 무릇 책을 읽을 때는 한 글자마다 그 의미를 분명하게 하고, 만약 알지 못하는 것이 있으면, 널리 고찰하고 자세히 연구해서 그 근본을 터득하고 따라서 그 글의 전체를 완전히 알 수 있어야 한다. 따라서 언제나 그런 방식으로 공부를 계속 해야 한다. 그렇게 하면 한 종류의 책을 읽을 때 아울러서 수백 가지의 책을 널리 기억하게 될 것이다."

– 다산 정약용(1762~1836년)이 유배지에서 아들에게 보낸 편지 중에서

열등감은
바람결에 날려 버리자

열등감은 자기 자신의 능력이나 실력이 다른 사람보다 뒤떨어진다고 생각하거나 느끼는 것을 말합니다. 이런 열등감은 공부를 싫어하게 만드는 이유 중의 하나입니다. 열등감은 여러 가지 이유에서 생깁니다. 집안이 경제적으로 어렵다든지, 얼굴이 못생겼다든지, 공부를 못한다든지, 선생님이 밉다든지 하는 것 등이 열등감을 갖게 하는 원인이 될 수 있습니다. 그렇지만 열등감을 가지고 있는 학생이라고 해서 공부를 잘하면 안된다는 법은 없습니다.

여러분이 다음과 같은 생각을 하고 있다면 열등감을 가지고 있다고 할 수 있습니다.

'나는 돌대가리야.'

'나는 아무리 해도 안돼.'

'나는 못난이야.'

'나는 형편도 어려운데 공부해서 뭘 하겠어.'

'나는 무슨 일을 하든 잘 안돼.'

'나는 바보야.'

 이러한 생각을 가지고 있다면 여러분은 자신을 사랑하지 않는다고 할 수 있습니다. 하지만 지금부터는 다르게 생각해 보세요. 다음 내용들을 마음속으로 크게 외쳐 보세요. 모든 것은 어떻게 생각하느냐에 따라 결과가 달라집니다.

'사람이 항상 잘할 수는 없지. 하지만 앞으로는 실수가 없도록 해야지.'

'뭐든지 한 가지만 잘하면 되지 뭐. 두 가지라면 더 좋고.'

'건강이 최고야.'

'나는 뭐든지 할 수 있어, 최선을 다했는데도 잘 안되면 어쩔 수 없지 뭐. 나는 항상 최선을 다 할 거야.'

'누가 뭐라고 하든 신경 쓰지 않고 나의 길을 가겠어.'

'공부가 재미있는 것은 아니지만 남들 하는 만큼은 해야지.'

옛날에 어리석은 도둑이 있었다. 어느날 이 도둑이 절에 물건을 훔치러 들어갔다. 훔칠 물건이 눈에 띄지 않자 도둑은 절에 있는 큰 종을 훔치기로 하였다.

'그런데 이 큰 종을 어떻게 가지고 가지?'

도둑은 고민을 하기 시작했다.

한참 후에 그는 '그래, 종을 잘게 부수어서 가지고 가면 되겠다.'라고 생각했다.

그래서 그는 망치로 종을 내리쳤다.

그러자 '둥'하고 큰 소리가 울렸다. 도둑은 다시 고민에 빠졌다.

'종소리가 나면 들킬 텐데 어떻게 하면 좋지?'

'그렇지, 귀를 막으면 들리지 않겠지!'

그는 잽싸게 자기의 귀를 틀어막고 망치로 종을 부수기 시작했다.

종을 모두 부수고 나자 도둑 앞에는 포졸들이 서 있었다.

짧은 이야기 긴 생각

판단의 종류에는 '주관적 판단'과 '객관적 판단'이 있습니다. 위의 이야기에 등장하는 도둑처럼 자기의 귀를 막으면 아무 소리도 들리지 않을 것이고, 따라서 잡혀가지 않을 것이라고 생각한 것은 주관적 판단이라 할 수 있습니다. 이 이야기 속에는 모든 일을 주관적으로 판단해서는 안된다는 교훈이 담겨 있습니다. 모든 일을 자신의 생각대로 처리하다 보면 시행착오를 범할 수 있을 뿐만 아니라 잘못된 결과를 초래할 수도 있습니다. 이를 예방하기 위해서는 객관적인 자료나 근거를 바탕으로 판단하는 것이 바람직합니다. 글짓기를 할 때나 논술 시험에 임할 때 객관적인 근거나 증거를 바탕으로 하지 않으면 논리가 맞지 않거나 잘못된 결론이 도출되는 것과 마찬가지입니다.

"글이란 옛 성현들의 정신과 마음을 헤아려 귀하게 여기고 활용하는 것이다. 옛 성현들이 영원히 살면서 가르침을 베풀 수 없었기 때문에 반드시 글을 지어서 후세에 남겨 훗날 사람들로 하여금 그 글 속의 말을 통하여 성현의 자취를 찾고, 그 자취를 통하여 성현의 이치를 터득하게 하고자 한 것이다. 이 때문에 후세의 사람들이 한결같이 글을 읽어서 성현의 뜻을 추구하는 것이다. 그러나 많이 읽지 않으면 그 의미를 알 수 없으며, 널리 보지 않으면 그 미묘한 의미를 통달할 수 없다."

– 순암 안정복(1712~1791년)

03

집중력의 비밀

:: 1등과 꼴찌의 차이는 집중력 때문이다

왜 나는
정신 집중이 잘 안 될까?

학생들이 공부할 때 가장 문제가 되는 것 중의 하나는 바로 '정신을 집중하는 일'입니다. 학생들은 자신이 정신을 집중해서 공부하는지, 정신을 집중하지 않고 공부하는지를 잘 모릅니다. 하지만 학부모나 교사의 입장에서 보면 대부분의 학생들이 정신 집중을 잘하지 못하고 있는 것이 사실입니다. 기초적인 문제나 평소 알고 있는 문제를 어이없게 틀리는 경우를 그 예로 들 수 있습니다. 공부를 하거나 문제를 풀 때 다른 생각을 하고 있거나 공부는 하기 싫은데 억지로 하는 경우에는 정신을 한곳에 집중할 수 없습니다.

공부할 때 정신 집중을 하기 위해서는 무엇보다 마음 자세가 중요합니다. 공부가 하기 싫다고 생각하면서 공부하는 학생과 공부는 하기 싫지만 이왕하는 것이라면 즐겁게 하자는 생각을 가지고 공부하는 학생 중에서 어느 쪽이 결과가 더 좋을지는 불을 보듯 뻔합니다. 두 사람 모두 공부를 하기 싫은 것은 마찬가지이지만 즐거운 마음으로 공부하면 정신 집중도 잘될 뿐만 아니라 공부한 내용이 잘 기억되기 때문입니다.

이처럼 공부를 하거나 숙제를 할 때는 어떤 마음을 가지느냐가 매우 중요합니다. 정신을 집중하면 되지 않는 일이 없습니다. 정신을 집중해 30분 공부한 것은 정신을 집중하지 않고 3시간 공부한 것과 같습니다. 수업 시간에도 정신을 집중하지 않고 다른 생각을 하면서 선생님 말씀을 들으면 머릿속에 남는 것이 없습니다. 그러나 정신을 집중하여 들으면 오랫동안 기억 속에 남게 됩니다.

다음은 정신 집중에 관련된 10가지 질문들입니다. 차근차근 읽어 보고 자신의 경우는 어떤지 '예', '아니오'로 생각해 보기 바랍니다.

1	책상 앞 벽에 가수나 탤런트 등 연예인의 사진이 걸려 있습니까?
2	공부할 때 간식을 먹으면서 할 때가 있습니까?
3	공부할 때 텔레비전을 켜 놓고 합니까?
4	공부할 때 음악을 들으면서 합니까?
5	다음 날 배울 내용에 대하여 예습합니까?
6	혼자 공부할 수 있는 방이 있습니까?
7	공부할 때 엎드려서 합니까?
8	책상 위에 인형이나 장난감 등이 있습니까?
9	집에 오자마자 학교에서 배운 내용을 복습합니까?
10	공부할 때 항상 같은 장소에서 합니까?

문항 1, 2, 3, 4, 7, 8번에서 '아니오'라고 대답하였다면 훌륭한 공부습관을 갖고 있습니다. 마찬가지로 문항 5, 6, 9, 10번에서 '예'라고 대답하였다면 좋은 공부습관을 갖고 있다고 생각할 수 있습니다.

의사는 정신을 집중하여 수술을 하고, 파일럿은 정신을 집중하여 비행기를 조정합니다. 만약 이들이 정신을 집중하지 않는다면 어떤 일이 발생할까요? 이와 마찬가지로 공부를 할 때 정신을 집중하지 않으면 실수를 하게 되고, 그 결과 공부를 못하는 학생으로 전락하게 되는 것입니다.

주변을 정리하고
정신 집중에 올인하자

정신을 집중할 때 가장 중요한 것은, 공부한 내용은 꼭 알고 넘어가야 겠다고 하는 마음가짐입니다. 뿐만 아니라 다음에 이야기할 몇 가지들을 잘 지킨다면 정신 집중을 아주 잘할 수 있을 것입니다. 이제 공부할 때 정신을 집중시키기 위해서 여러분은 다음에 나오는 내용들을 반드시 하나하나 실천해 나가야 합니다.

❶ 수업 중에 선생님 말씀을 잘 들어야 하며, 중요한 것은 노트에 적습니다. 선생님께서 설명하실 때 창밖을 보거나 친구들과 장난을 치면 안됩니다.

❷ 학교에서 배운 내용은 집에 오자마자 복습해야 합니다. 학교에서 배운 내용 중 모르는 것이 있는지 찾아보고, 만일 있다면 친구나 부모

님께 질문하거나 사전, 참고서, 인터넷 등을 통해 찾아보고, 확실히 알아 두어야 합니다. 모르는 것은 무슨 일이 있더라도 반드시 알고 넘어가야 합니다.

❸ 텔레비전을 켜 놓은 채 공부하면 정신을 집중할 수 없습니다. 따라서 공부를 할 때는 텔레비전을 끄고 하세요. 사람은 동시에 두 가지 일을 할 수 없습니다. 예를 들어, 수업 시간에 선생님께서 말씀하고 계실 때 여러분이 다른 생각을 하고 있으면 여러분은 선생님께서 무엇을 설명했는지 알 수 없습니다.

❹ 책상 앞에 앉아 절대로 졸지 마십시오. 만일 졸음이 온다면 책상을 떠나십시오. 책상 앞에 앉아 조는 습관은 왜 나쁜 일일까요? 그 이유는 다음에 공부하기 위해 책상에 앉을 때면 여러분의 머리는 공부하기 위한 준비를 하는 것이 아니라 졸기 위한 준비를 하기 때문입니다. 공부할 때는 꼭 책상에 앉아서 하십시오. 엎드려서 공부하면 머리에 피로가 빨리 오기 때문에 정신 집중을 잘할 수 없습니다.

❺ 공부하는 도중에는 간식을 먹지 마십시오. 공부하는 동안에 음식을 먹거나 간식을 먹으면 우리의 두뇌는 음식의 소화에 신경을 쓰기 때문에 머리에 피로가 빨리 와서 정신 집중을 할 수 없습니다. 그리고 배가 고플 때는 공부를 하지 않는 것이 좋습니다.

❻ 많은 교수들은 공부할 때 음악을 듣지 말라고 말합니다. 왜냐하면 정신 집중에 필요한 힘 가운데 25%를 음악이 빼앗아 가기 때문이랍니다. 따라서 공부할 때는 음악을 듣지 마십시오.

❼ 가능하면 조용히 공부할 수 있는 곳을 찾아보세요. 만일 혼자 조용히 공부할 수 없을 때는 독서실 같은 곳에서 공부하세요.

⑧ 책상 위에 있는, 공부와 관계가 없는 인형이나 장난감들은 모두 치워 버리세요. 이런 것들이 책상 위에 있다면 자신도 모르는 사이에 정신이 흐트러지게 됩니다.

⑨ 책상 앞이나 벽에 배우나 가수 등의 사진이 있다면, 즉시 떼어내십시오. 이 또한 잠시라도 딴 생각을 하게 되고 공부에 집중하는 것을 방해하기 때문입니다.

⑩ 공부 장소가 자주 바뀌면 사방을 둘러보아야 하고 주의가 산만해져 정신 집중을 할 수 없습니다. 따라서 공부할 때는 가능하면 같은 장소에서 공부하십시오.

⑪ 다음날 배울 내용에 대해 예습하세요. 예습은 복습보다 더 중요합니다. 예습을 할 때는 다음날 배울 내용에 어떤 것들이 있는지를 확인하는 것입니다. 간단하게라도 예습을 한다면 다음날 학교 수업은 훨씬 더 재미있을 것이고, 남보다 앞서 가기 때문에 자신감도 가질 수 있을 것입니다.

⑫ 무엇보다 중요한 것은 공부하고 싶을 때 공부하는 것입니다. 왜 내가 공부를 해야 하는지를 곰곰이 생각해 본 후에 공부에 임하세요.

○ 잠깐 쉬어가기 : 옛 사람 공부 산책

> "책을 베고 누워서도 안되고, 그릇으로 덮어 놓아서도 안되고, 아무데나 어지럽게 놓아서도 안된다. 책에 낀 먼지는 털어내고 좀벌레는 없애고, 날씨가 화창할 때는 가끔씩 책을 내다 말려야 한다. 남에게서 빌린 책에 틀린 글자가 있으면 찌를 붙여 교정해 주고, 찢어진 종이가 있으면 붙여 주고, 책을 묶은 실이 끊어져 있으면 잘 고쳐서 돌려 주어야 한다."
>
> – 연암 박지원(1737~1805년)

선생님의 설명 속에는
중요한 것이 다 있다

선생님께서 수업 중에 설명하시는 내용을 잘 듣는다는 것은 바로 정신을 집중하여 귀담아 듣는 것을 말합니다. 이를 한마디로 '경청한다'라고 표현합니다. 즉, 신경을 써서 주의 깊게 듣는다는 것이죠. 공부를 잘하는 학생들의 특징은 다음과 같습니다.

첫째, 학생 스스로 선생님의 설명을 열심히 들어야겠다고 마음속으로 다짐합니다. 이것은 자신과의 약속이므로, 아무것도 아닌 것처럼 생각할 수 있습니다. 그러나 이렇게 스스로 다짐을 하는 학생과 그렇지 않은 학생과는 많은 차이가 있습니다.

둘째, 예습할 때 몰랐던 것을 알기 위해서는 선생님의 설명을 잘 듣는 것이 중요합니다. 예습을 하지 않는 학생은 선생님께서 설명하시는 내용

중에서 어느 것이 중요한지 잘 모릅니다. 그러나 예습을 한 학생은 어느 부분이 어려운지를 잘 알고 있기 때문에 선생님의 설명을 잘 경청합니다.

셋째, 선생님과 눈을 맞추면서 듣습니다. 수업 시간에 선생님과 눈을 맞추면 흐트러진 마음을 가다듬을 수 있습니다.

넷째, 선생님의 설명을 들으면서 중요한 내용만을 노트에 적습니다. 공부를 못하는 학생은 노트도 없습니다. 선생님의 설명을 들으면서 노트에 중요한 것을 적는다는 것은 쉬운 일이 아니지만 그렇다고 불가능한 일도 아닙니다. 예습을 했다면 선생님의 말씀 중에서 무엇이 중요한 내용인지를 금방 알 수 있습니다.

다섯째, 선생님의 몸짓이나 목소리에도 정신을 집중합니다. 선생님께서 중요한 내용을 설명하실 때는 목소리를 다르게 하는 경우가 많기 때문입니다. 즉, 중요한 내용일 때 큰 소리로 강조한다든지, 아주 낮은 목소리로 말한다든지 하는 경우가 종종 있습니다. 그리고 특정한 몸짓을 하는 경우도 있습니다. 이런 것들은 중요한 내용을 강조하기 위한 방법 중의 하나입니다.

여섯째, 선생님의 설명을 별 생각 없이 듣기만 하면 금방 잊어버리게 됩니다. 따라서 수업 시간에는 선생님께서 설명하시는 내용을 눈과 귀로 잘 보고 들어야만 합니다. 수업 중에 모르는 것이 있다면 표시를 해 두었다가 쉬는 시간에 선생님께 질문을 하거나 집에 돌아오자마자 알아보도록 합니다.

정신 집중을 방해하는 것들은 다 제거한다

시각적 방해 요인 제거하기

① 공부와 관계없는 것들(사진, 기념품, 잡지, 간식, 거울, 시계 등)을 책상 위에 놓지 않습니다.

② 텔레비전을 보지 않을 때는 반드시 끄고 공부를 합니다. 공부할 때는 반드시 텔레비전을 끕니다.

③ 공부하는 위치에서 눈앞을 점검해 보고 필요 없는 것들은 깔끔하게 치워 버립니다.

④ 공부하는 동안에는 절대로 간식을 먹지 않습니다.

⑤ 책상 앞 벽에 붙어 있는 연예인 사진 등을 떼어냅니다.

청각적 방해 요인 제거하기

① 공부할 때 방문을 닫고 문 앞에 '공부 중'이라는 표시를 해 둡니다.

② 텔레비전이나 라디오 등의 음악을 듣지 않습니다.

③ 공부하는 동안에는 휴대전화는 *끄*거나 부모님께 맡겨 둡니다.

④ 공부하는 동안에는 모든 대화를 피합니다.

⑤ 공부하는 동안에는 다리를 떨지 않도록 합니다.

물리적 방해 요인 제거하기

① 책상을 아무것도 없는 벽 쪽과 마주보게 합니다. 책상에 앉아 있을 때 방 안의 여러 물건들이 보이지 않도록 합니다.

② 책상 위를 잘 정돈해 놓습니다.

③ 책이나 필기도구를 잘 정리해 놓습니다.

④ 조명은 간접적인 광선을 사용하고, 가능하면 형광등을 사용합니다. 특히 스탠드의 경우 목 부분이 자유자재로 움직이는 것을 사용합니다.

⑤ 허리를 똑바로 펴고 바른 자세로 앉고, 공부하는 동안 옷을 입고 있습니다. 즉, 겉옷을 모두 벗거나 잠옷 등을 입지 않습니다.

⑥ 공부에 필요한 자료들(책꽂이, 휴지통, 가방 등)을 쉽게 이용할 수 있도록 가까운 위치에 둡니다.

⑦ 공부가 끝나면, 책과 필기도구를 처음 있던 장소에 놓고 주변을 정리합니다.

⑧ 공부는 가능하면 같은 장소에서 하도록 합니다.

심리적 방해 요인 제거하기

❶ 항상 어떤 일이든 '나는 할 수 있다(I CAN)'라고 생각해야 합니다.

❷ 항상 긍정적으로 생각하고, 간혹 부정적인 생각이 떠오르면 재빨리 긍정적인 생각으로 바꿉니다.

❸ 구체적인 목표를 세워야 합니다. 하루 또는 일주일의 계획을 구체적으로 세워 실천하도록 해야 합니다. 예를 들면, 영어책 몇 페이지에서 몇 페이지까지 오늘 안에 반드시 읽겠다는 식으로 목표를 더욱 구체적으로 세웁니다.

❹ 처음에는 목표의 범위를 작게 세워 일단 완벽하게 실천해야만 자신만의 목적을 달성할 수 있습니다. 그리고 '나도 목표를 이루었다'는 자신감과 성취감을 맛본 다음에 좀 더 큰 목표를 세우도록 합니다.

❺ 인간은 어떻게 생각하느냐에 따라 행동이 달라집니다. 따라서 항상 긍정적이고 무슨 일이든 해낼 수 있다는 생각을 하면 행동 또한 자연스럽게 변화된다는 사실을 명심해야 합니다.

스트레스, 징크스는
모두 마음먹기에 달려 있다

이제까지는 정신을 집중 방법과 정신을 집중하는 데 필요한 것들에 대해 알아보았습니다. 이번에는 정신 집중에 영향을 미치는 요인들에 대해 알아보겠습니다. 여기에는 정신적 긴장과 징크스, 신체적 피로 등을 들 수 있습니다.

요즘 학생들은 합리적이기 때문에 미신에 휩쓸리지 않는 편입니다. 그런데 시험 때가 되면 긴장을 하거나 불안해 하는 학생들이 많습니다. 따라서 미신이냐, 아니냐를 따지기 전에 적당한 금기 사항을 기억하는 일은 긴장과 불안을 해소하는 데 어느 정도 도움이 됩니다.

예를 들어 요즘 학생들 사이에서는 '시험을 치르는 날 'ㅁ'으로 시작하는 국을 먹지 않는다', '구멍 뚫린 동전을 가지고 다닌다', '길을 가다가 썩은 과일을 밟는다' 등과 같은 금기 사항이 유행하고 있다고 합니다. 이와 같은 금기사항들은 때때로 시험을 앞두고 지나치게 긴장한 마음과 불안한 기분을 떨쳐 버리는 데 긍정적인 효과를 나타내기도 합니다.

건강한 육체에서
맑은 정신이 나온다

공부를 조금만 해도 피곤해하거나, 오랫동안 꾸준히 공부를 하지 못하는 학생들이 많습니다. 또 공부를 하고 싶어도 건강이 좋지 않아 공부를 잘하지 못하는 학생들도 있습니다. 한편, 특별한 이유 없이 자주 졸린다거나 잠이 많거나, 늘 피곤함을 느끼거나, 정신 집중이 잘 안된다면 건강에 이상이 없는지 한 번쯤 생각해 보아야 합니다. 특별히 한두 시간을 내어서 운동할 필요는 없지만 일주일에 한두 시간은 반드시 운동을 하는 것이 좋습니다. 간단하게 할 수 있는 운동으로는 줄넘기[하루 30분(10분 운동, 5분 휴식 반복)], 집 주변 산책(하루 30분 정도), 계단 오르내리기, 누워서 기지개 펴기, 맨손 체조, 팔굽혀펴기, 윗몸일으키기 등을 들 수 있습니다.

마음을 다스리기 위한
6가지 방법

지금까지 정신 집중을 하는 데 방해가 되는 여러 가지 원인들과 그 제거 방법들에 대해 알아보았습니다. 이번에는 공부를 시작하기 전 마음을 차분히 가라앉히는 방법에 대해 알아보겠습니다.

첫째, 공부에 필요한 모든 것을 준비해 놓으세요.

둘째, 책상에 조용히 앉습니다.

셋째, 눈을 감고 숨을 길게 들이쉰 다음 천천히 내쉽니다. 이 과정을 3번 반복하십시오. 너무 오래하면 졸음이 밀려올 수도 있으므로 조심하세요.

넷째, 내가 공부를 잘하는 학생이 되었을 때 친구나 부모님, 선생님은 나를 어떻게 생각할까 상상해 봅니다.

다섯째, 다시 한 번 숨을 길게 들이쉰 다음, 천천히 내쉽니다. 이것을 3번 정도 반복하세요.

여섯째, 가만히 눈을 뜨고 마음을 가다듬은 다음, 공부를 시작합니다.

이 방법은 정신을 집중시키기 위한 가장 간단한 방법입니다. 여러분이 정신 집중이 잘되고 있더라도 공부하기 전, 약 1~2분 동안 이 방법을 계속 사용하면 더욱 효과적입니다. 여섯 가지 방법 중 2~3가지를 사용해도 상관없습니다.

○ 잠깐 쉬어가기 : 옛 사람 공부 산책

글을 읽더라도 외우는 데에 몰두하지 말 것이며, 또 글의 문구를 따져 쓰는 데만 집착하지 말라. 오직 부지런히 공부하기만 하면 자연 잊혀지지 않을 것이며, 또 자연히 필요한 곳에 쓰이게 될 것이다.

– 담헌 홍대용(1731~1783년)

정신집중을 잘하기 위한 5가지 비법

학생들이 정신을 집중하는 데 도움이 되는 방법들은 다음과 같습니다. 이 방법들은 어렵지 않기 때문에 누구나 조금만 관심을 가지면 실천할 수 있는 것들입니다.

첫째, 긍정적인 태도를 가져야 합니다. 공부가 짜증나는 것이라고 생각하기보다는 모르는 것을 배우는 기회라고 생각하세요. 방에서 많은 시간을 보낸다고 해서 '감옥'이라고 생각하지 말고 꿈을 깨워주는 '즐거운 곳'이라고 생각하세요.

둘째, 한곳에 주의를 집중해야 합니다. 사람이 호기심을 갖는 것은 자연스러운 일이지만 공부할 때만큼은 공부에 집중을 하고, 다른 곳에 신경을 쓰지 말아야 합니다.

셋째, 주변의 소음을 무시해야 합니다. 우리 주변에는 공부를 방해하는 여러 소음들이 존재합니다. 주위에서 들려오는 소음들에 예민하게 반응하다 보면 공부에 집중할 수 없습니다. 가능하면 소음이 덜한 곳을 택하여 공부를 하는 것이 좋겠지만 사정이 그렇지 않다면 소음을 무시하는 것이 제일 좋은 방법입니다. 즉, 주변에서 들려오는 소음보다는 정신 집중에 더 많은 신경을 쓰도록 하세요.

넷째, 공부에 도움이 되는 것들을 갖추고 난 다음에 시작해야 합니다. 공부를 하려고 책상에 앉기 전에 공부할 때 필요한 필기도구, 연습장, 책 등을 갖추어 놓아야 합니다. 그런 다음, 공부할 시간을 정하고 공부가 끝날 때까지 의자에 앉아 있으세요. 앉아서 공부하는 습관을 기르는 것은 매우 중요합니다.

다섯째, 의지력(will power)에 의존하지 말아야 합니다. 의지력만으로는 정신을 집중할 수 없습니다. 의지력만 믿는다면 정신은 금방 흐트러질 것입니다. '의지력이 공부를 좌우한다.'라는 말은 더 이상 믿지 마세요. 의지보다는 자신에게 더욱 효율적인 공부법이 무엇인지 찾아보고, 적극적으로 활용하는 것이 중요합니다.

피곤하다고 생각하면
정말 더 피곤하다

잠은 얼마나 자나?

건강은 두뇌 활동에 영향을 미칩니다. 따라서 신체적 피로는 정신 집중 및 학습 능력과 밀접한 관련이 있습니다. 인간의 신체적 피로를 유발하는 데 있어서 잠은 커다란 비중을 차지합니다. 잠을 못자면 쉽게 피로할 뿐만 아니라 일상생활에도 많은 지장을 초래합니다. 사람마다 차이가 있기는 하지만, 먼저 자신이 아침형 인간인지, 저녁형 인간인지를 파악해야만 합니다. 자신이 새벽에 공부가 잘되면 아침형이고, 밤에 공부가 잘된다면 저녁형이겠지요. 하지만 저녁형이나 아침형 모두 잠은 적당하게 자야 합니다.

사람은 보통 잠은 하루 8시간 정도 자는 것이 가장 좋다고 합니다. 개인에 따라 필요한 잠의 양은 각각 다릅니다. 그런데 대부분의 사람들은 하루 24시간 가운데 7~9시간 정도의 잠이 필요합니다. 불충분한 잠은 몸의 건강을 해칠 뿐만 아니라 근육이 약화시켜 기억력을 떨어뜨립니다.

밤에 잠을 잘 자면 기억한 내용들을 다시 떠올리는 데 도움을 줍니다. 잠을 충분히 자지 않으면 학습 내용을 이해하는 데 가장 큰 걸림돌이 됩니다. 편안하고 깊은 잠을 자기 위해서는 카페인이 들어 있는 음식들을 피하는 것이 좋습니다. 우리 몸은 카페인에 매우 민감합니다. 만일 카페인에 예민하게 반응하는 사람이 많은 양의 카페인을 복용할 경우 깊은 잠을 자기 힘들 것입니다.

신체적 피로를 해소하기 위한 음악

신체적 피로를 풀기 위해 음악을 듣는 것은 매우 좋은 방법입니다. 음악을 들으면 이런저런 긴장뿐만 아니라 불안한 마음도 감소시킬 수 있습니다. 또 50분 공부하고 10분 휴식을 취할 때 조용한 음악을 들으면 몸과 마음에 쌓인 피로가 말끔히 풀립니다. 음악을 들을 때는 록이나 랩보다는 클래식을 듣는 것이 좋습니다. 록과 랩은 신경을 흥분시키지만 클래식은 신경을 편안하게 안정시킵니다.

● 긴장을 풀기 위해 듣는 음악
① 시벨리우스 – 슬픈 왈츠
② 바흐 – G선상의 아리아
③ 아비노니 – 아다지오

④ 모차르트 – 플롯과 하프를 위한 협주곡 2악장/피아노 협주곡
21번 2악장

● 불안한 마음을 편안하게 만들어 주는 음악
① 요한스트라우스 – 비엔나 숲 속의 이야기
② 쇼팽 – 마주프카 전주곡
③ 브람스 – 헝가리 무곡
④ 비발디 – 조화의 영감

● 쉬는 시간에 들을 수 있는 음악
① 로니 – 윌리암 텔 서곡
② 오펜바흐 – 천국과 지옥 서곡
③ 드보르작 – 신세계 고향곡

눈 지압으로 피로 해소하기

공부하는 학생들은 늘 눈의 피로가 쌓여 있기 마련입니다. 50분 동안 책을 보거나 공부한 후에 꼭 10분 동안 휴식을 취하세요. 휴식을 취할 때는 먼 곳을 바라보세요. 그리고 책을 읽을 때는 33~35cm 정도 거리를 유지하고, 쉴 때는 눈동자를 자주 움직입니다. 오랜 시간 공부를 할 때는 콘텍트 렌즈 대신에 안경을 착용하는 것이 눈이 덜 피로합니다. 공부하는 장소가 건조하거나 눈이 충혈되면 '눈물약(식염수)'을 사용하는 것이 좋습니다.

눈의 피로를 푸는 간단한 3가지 지압법

• 눈을 감고 손바닥을 눈꺼풀에 댄 후, 천천히 그리고 가만히 누릅니다. 한번에 10~15초로 3~4회 실시하며, 이를 5~6초 간격으로 실시합니다.
• 집게손가락, 가운데손가락, 약손가락을 가지런히 하여 눈의 위쪽 가장자리와 아래쪽 가장자리를 쓰다듬듯이 눌러 줍니다.
• 귓불을 맛사지하거나 귓불 뒷면에 자석 또는 자석 파스를 붙입니다.

○ 잠깐 쉬어가기 : 옛 사람 공부 산책

> 언제나 책 한 권을 읽을 때는 학문에 보탬이 될 만한 대목이 있으면 뽑아 모으고, 그렇지 않은 것에는 눈을 붙이지 말아야 한다. 이렇게 한다면 비록 백 권의 책이라도 열흘의 알찬 공부면 충분할 것이다.
>
> – 다산 정약용(1762~1836년)이 유배지에서 아들에게 보낸 편지 중에서

나의 판단력 높이기 **03** _여우를 보고 진짜 도망가네!

 산속에 힘이 센 젊은 호랑이가 살고 있었다. 어느날 호랑이가 배가 고파 사냥감을 찾고 있었는데 마침 여우를 만났다.

 "네 이놈, 여우야, 내가 배가 고픈데 너라도 잡아먹어야 되겠다."

 "아니, 지금 시대가 어느 시대인데 그렇게 큰소리를 치면서 나를 잡아먹겠다는 겁니까? 호랑이님 시대는 이제 지나갔습니다."

 "그게 무슨 소리냐?"

 "산속의 짐승들은 모두 나를 산속의 왕으로 모시고 있소. 내 말이 믿어지지 않으면 나를 따라오시오."

 "좋다! 네 말이 맞는지 확인해야겠다."

 호랑이는 여우의 뒤를 따라 깊은 산속으로 들어갔다.

 "산 속의 왕, 여우가 왔다. 모두 썩 물렀거라!"

 여우의 말이 채 끝나기도 전에 많은 산짐승들은 '걸음아 나 살려라' 하고 도망갔다.

 "어찌 된 일이지? 여우를 보고 진짜 도망을 가네!"

 호랑이는 너무나 어이없다는 듯 그저 두 눈만 껌벅껌벅할 뿐이었다.

짧은 이야기 긴 생각

 이 이야기는 여우의 꾀에 속은 호랑이가 판단을 잘못한 것을 보여 주고 있다. 산짐승들은 여우가 무서워서 달아난 것이 아니라 여우 뒤에 따라오는 호랑이가 무서워서 달아난 것이다. 따라서 판단 조건이 복잡할수록 신중하게 생각해야 한다.

 그리고 여우가 "산 속의 왕, 여우가 왔다. 모두 썩 물렀거라"고 크게 외치는 거짓말에 호랑이는 그만 속았다. "이야! 여우를 보고 진짜 도망가네!"라고 호랑이가 말한 것은 거짓말이 아닌 오류에 속한다. 거짓말은 나쁜 것인 줄 알고 틀리게 말하는 것을 의미하고, 오류는 잘못된 것인 줄 모르고 잘못된 판단을 내리는 것을 의미한다.

 숙제를 잘하는 법

1. 수첩이나 알림장을 반드시 준비하라.

오늘 선생님께서 내 주신 숙제가 무엇인지, 내일은 무엇을 준비해야 하는지, 언제까지 해야 하는지 등을 알림장이나 수첩에 적습니다. 선생님의 지시 사항을 수첩에 기록하고, 잘 모르는 것이 있으면 질문을 하여 반드시 알고 넘어가도록 합니다. 수첩에 적을 때는 알았는데 나중에 집에 와서 숙제할 때 잘 이해가 가지 않는 경우에는 친구들에게 물어 꼭 해결하도록 하세요.

2. 간단한 숙제는 되도록 저녁 먹기 전에 하라.

학생이면 누구나 선생님께서 내 주신 숙제를 해야 합니다. 숙제를 하는 시간은 학생들마다 차이가 있습니다. 어떤 학생은 집에 오자마자 하는 경우도 있고, 어떤 학생들은 아침에 일찍 일어나 숙제를 하기도 합니다. 간단한 숙제라면 저녁 먹기 전에 빨리 하는 것이 나머지 시간을 효율적으로 활용하는 데 효과적입니다. 수학 문제를 몇 개 푼다든지, 영어 단어를 몇 개 외운다든지, 낱말 뜻을 조사하는 정도라면 집에 도착하자마자 끝내는 것이 좋습니다.

탐구 보고서나 관찰 보고서, 답사 기록문 같은 것은 며칠 또는 몇 주일이 걸릴 수 있습니다. 탐구하고 관찰 또는 결과를 기록하는 데 걸리는 기간을 잘 생각해 보고, 계획을 세워 차근차근 마무리합니다. 독서 감상문을 쓰는 숙제의 경우도 마찬가지입니다. 한 권의 책을 읽는다면, 언제까지 책을 다 읽고, 언제 독서 감상문을 써야 하는지를 잘 생각한 후에 차근차근 실행에 옮겨야 합니다.

3. 다음으로 미루지 말고 계획을 세워라.

숙제하는 것을 미루는 버릇과 숙제를 하지 않는 습관은 공부에 나쁜 영향을 미칩니다. 숙제를 미루는 데는 여러 가지 이유가 있을 수 있습니다. 그 대표적인 예로는 숙제가 너무 어려운 경우, 시간이 많이 걸리는 경우, 어떻게 해야 하는지 모르는 경우 등을 들 수 있습니다. 하지만 무엇보다 중요한 것은 숙제를 어떻게 할 것인지를 계획해야 한다는 것입니다. 만약 계획을 세우지 않으면 시간은 계속 흘러가고, 숙제를 제출해야 하는 날은 점점 다가오고, 결국 숙제 때문에 학교에 가기 싫어지는 경우가 생길지도 모릅니다.

4. 숙제를 값비싼 상품이라고 생각하라.

숙제를 상점이나 백화점에서 팔아야 하는 상품이라고 생각해 보세요. 여러분은 당연히 그 상품을 만들어 파는 회사의 사장님이 되는 것입니다. 회사가 망하지 않으려면 상품을 꼭 팔아야 합니다. 회사가 상품을 적극적으로 팔지 않고 고민만 하고 있다면 회사는 금방 망할 것입니다.

이와 마찬가지로 숙제는 자신이 스스로 해야 하는 것입니다. 숙제를 함으로써 지식이 점점 쌓이게 되고 생각이 지혜로워집니다. 숙제를 마치고 나면 학교에 빨리 가고 싶고, 수업 시간이 빨리 다가왔으면 하는 생각이 들 것입니다.

5. 재미있는 일은 숙제를 끝낸 다음에 하라.

재미있는 일을 먼저 하느냐, 숙제를 먼저 하느냐를 결정하는 것은 학생들로서는 매우 중요한 일에 속합니다. 어른들은 당연히 숙제를 먼저 한 후에 뛰어놀거나 재미있는 일을 하라고 말씀하실 것입니다. 이 말에 학생 여러분들도 동의할 것입니다.

다시 한 번 강조하지만 숙제를 반드시 먼저 한 후에 재미있는 일을 하거나 친구들과 놀아야 합니다. 재미있는 일을 하거나 친구와 노는 것은 숙제를 한 보상으로 생각해야 합니다. 이렇게 생각하면 숙제하는 것이 더 즐거울 수 있습니다. 이와 같이 항상 어렵고 힘든 일을 먼저 한 다음에 쉬운 것을 하고, 숙제를 먼저 한 다음에 재미있는 일을 하면 두 가지 모두 좋은 결과를 얻을 수 있습 니다.

재미있는 일을 먼저 하거나 친구들과 논 다음에는 숙제하기가 싫어집니다. 이는 여러분들도 종종 경험했을 것입니다. 그래서 숙제를 하지 않는 경우가 점점 늘어나고, 숙제를 하더라도 시간이 많이 걸리게 되어 자꾸 다른 생각이 날 수 있습니다.

6. 수업 중에 정신 집중을 잘하려면 숙제를 꼭 하라.

선생님께서 내 주는 숙제는 대부분 교과서와 관계 있는 내용입니다. 그래서 숙제를 한다는 것은 그 다음 시간에 배울 내용을 예습하는 것이라고 할 수 있습니다. 이렇게 숙제를 하고 그 다음에 수업을 받게 되면 수업 시간이 재미있게 느껴질 것입니다. 숙제할 때 나오지 않은 내용들 중 선생님께서 설명하는 내용이 있다면 노트에 적어 두는 것이 좋습니다. 결론적으로 말하면 숙제를 하는 것은 수업 시간에 정신을 집중하게 해 주는 중요한 역할을 합니다.

04

기억법의 원리

:: 중요한 것은 기억력이다

기억력이 좋은 학생이 공부를 잘한다

공부할 때 중요한 내용을 아주 열심히 외웠다고 하더라도 정작 시험을 볼 때 기억이 나지 않으면 누구나 짜증이 나겠지요. 이런 이유에서인지는 몰라도 최근에는 기억력을 높여 주는 방법과 기억하는 방법을 가르치는 학원도 있다고 합니다. 그러나 중요한 것은 이런 방법들이 얼마나 과학적인지, 모든 사람이 배울 수 있는지, 배우고 난 후에 즉시 활용할 수 있는지입니다. 더욱이 기억력을 높여 주는 방법 한 가지를 배우는 데 며칠씩 또는 몇 개월씩 걸리면 너무 비효율적이겠지요.

이 책에서 제시하고 있는 방법들은 평소에 조금만 관심을 기울여 노력하면 재미있고 쉽게 기억할 수 있는 것들입니다. 잘 읽어 보고 그대로 실천에 옮겨 보세요.

누구나 한 번쯤은 나름대로 공부를 열심히 했는데 시험을 치를 때 기억이 잘 나지 않았거나 시험이 끝난 다음에 비로소 정답이 생각났던 경험을 갖고 있을 것입니다. 우리는 흔히 기억력이 좋은 학생을 머리가 좋은 학생이라고 말합니다. 왜냐하면 공부하는 데 있어서 기억력은 매우 중요한 역할을 하기 때문입니다. 즉, 공부한 내용을 이해했더라도 그 내용을 기억하지 못한다면 아무 소용이 없는 것입니다. 상급 학년으로 올라갈수록 기억력은 더욱 많은 효과를 발휘합니다.

그러나 기억법만 익힌다고 해서 공부를 잘하게 되리라고 생각해서는 안됩니다. 공부를 잘하는 데는 기억법은 물론 독해력이나 이해력 등도 많은 영향을 미치기 때문입니다(이는 나중에 설명하기로 하겠습니다).

많은 학자들이 연구를 한 결과 초등학교 때의 기억력은 중학교, 고등학교 때보다 더 왕성하다고 합니다. 따라서 초등학교 때부터 기억법의 원리를 알고 익히면, 공부에 자신감과 흥미가 생겨 성적은 나날이 향상될 것입니다. 초등학교 때 기억법을 배운 학생은 배우지 않은 학생보다 성적이 높다는 연구 결과도 있습니다. 우리가 기억법을 공부하는 가장 중요한 목적은 한 번 배운 내용을 오랫동안 잊어버리지 않고, 이해한 것을 오랫동안 기억하기 위해서입니다. 이제부터 초·중학생들이 가장 효과적으로 배우고 활용할 수 있는 기억법에는 어떤 것들이 있는지 알아보겠습니다.

기억력을 높이는
9가지 규칙

기억력을 높이는 데는 다음과 같은 9가지 규칙이 있습니다.

첫째, 외우기 전에 이해를 해야 한다는 것입니다. 공부한 내용을 이해하면 그 내용을 머릿속에 집어넣거나 다시 끄집어내기가 쉬워집니다. 따라서 기본적인 내용을 먼저 이해한 후, 그 내용을 자신이 이해한 말로 바꾸어서 설명하는 것이 좋습니다. 그런 다음, 공부한 내용을 다시 분석해 보고, 이를 요약하면 내용을 오랫동안 기억할 수 있습니다.

둘째, 서로 같은 것끼리 묶어서 공부를 해야 한다는 것입니다. 서로 같거나 비슷한 내용을 묶으면 기억이 더 잘 됩니다. 다음의 예를 보면, 이 방법이 얼마나 중요한지 금방 알 수 있습니다.

(1) AABBBABBAB   A : _____개 / B : _____개
     ABABBAABAA   A : _____개 / B : _____개
(2) BBBBAAAAA   A : _____개 / B : _____개
     BBBBAAAAA   A : _____개 / B : _____개

(1)번 문제를 보고 A와 B가 각각 몇 개 있는지 적어 보세요. 마찬가지로 (2)번 문제를 보고 A와 B가 각각 몇 개 있는지 적어 보세요. 아마도 (1)번 문제보다 (2)번 문제를 더 쉽게 풀 수 있을 것입니다. 이처럼 내용이 서로 같거나 비슷한 것들끼리 묶어서 공부를 하면 더욱 쉽고 재미있게 공부를 할 수 있을 뿐만 아니라 더욱 오랫동안 기억할 수 있게 될 것입니다.

셋째, 공부를 한 후에는 심한 운동을 하지 않는 것이 좋습니다. 공부를 한 후에 축구나 농구와 같이 몸을 많이 움직이는 운동을 하게 되면, 공부한 내용들이 잘 기억나지 않는다고 합니다. 그러므로 운동과 공부를 모두 해야 한다면 운동을 하고 난 다음에 공부를 하는 것이 좋습니다. 하지만 이보다도 가장 좋은 방법은 공부를 한 다음, 편안히 쉬거나 잠을 자는 것입니다.

넷째, 여러 번 읽고 써 보아야 합니다. 공부를 할 때 1시간이나 2시간씩 계속 공부하는 것보다는 40분 공부하고 10분 정도 쉬는 것이 좋습니다. 이 방법을 사용하면 두뇌의 활동성과 기억력이 무척 높아집니다. 또한 공부를 할 때 눈으로만 공부하지 말고 직접 연습장 등에 쓰면서, 말하면서 공부하면 그 효과는 두 배로 커집니다.

다섯째, 이미 알고 있는 내용과 관련시켜 공부를 하는 것이 좋습니다.

봉숭아 씨가 터지는 방법, 완두콩이 깍지를 차고 나오는 방법에 대해 배울 때, 음료수가 담겨 있는 캔이 원터치 방식으로 열리는 방법과 관련지어 생각하면 더욱 쉽게 기억할 수 있는 것과 마찬가지입니다. 다시 말해서, 지금 자신이 공부하는 내용이 이미 알고 있는 내용과 관련이 있는지를 생각하면서 공부를 해야 한다는 것입니다.

여섯째, 다양한 감각을 활용해야 한다는 것입니다. 쓰고, 중얼거리면서 외우고, 듣고, 보면서 가능한 자신만의 멀티미디어 경험을 만드는 노력이 필요합니다. 특히 영어를 공부할 때 습관적으로 중얼거리면서 외우면 공부한 내용을 오랫동안 기억할 수 있습니다.

일곱째, 스트레스를 줄이고 건강을 유지해야 합니다. 스트레스는 정신 집중 시간을 짧게 하고, 외운 정보를 기억하는 데 방해가 되며, 뇌신경들의 미세한 기억 작용들을 감소시킵니다. 또 이는 크고 작은 불안을 낳게 하는 원인이 되기도 합니다. 많은 연구 결과, 건강한 몸과 신선한 공기 등은 정신 건강에 도움을 주어 기억력을 높여 준다고 합니다.

여덟째, 무엇이든 열심히 하고자 하는 마음을 먹어야 합니다. 일단 마음을 먹게 되면 이를 달성하기 위해 어떤 행동이 필요한지를 생각하게 되고, 이는 자연스럽게 행동으로 이어집니다. 지금 당장 공부를 잘하겠다고 굳게 마음먹으세요. 이 세상에 불가능한 일은 없습니다.

아홉째, 편식을 하지 말고, 규칙적인 운동을 해야 합니다. 일단 운동을 시작하면 숨이 찰 때까지 하는 것이 좋습니다. 운동을 하면 두뇌에 산소가 많이 공급되기 때문에 정신 집중이 잘될 뿐만 아니라 기억력을 높이는 데도 많은 도움이 됩니다. 또 음식을 골고루 먹으면 두뇌에 충분한 영양이 공급되므로 기억력을 향상시키는 데 매우 효과적입니다.

선생은 독서에 대해 이르기를 "독서하는 방법으로 가장 좋은 것은 숙독이다. 글을 읽는 사람이 글의 뜻을 알고 있으나, 곧 잊어버리게 되는 이유는 숙독하지 않기 때문이다. 독서를 하는 데는 조용히 앉아 마음을 편안하게 해서 하늘의 이치를 몸소 체득한다는 자세가 중요하다. 그리하여 더욱 중요한 일은 반드시 성현의 말과 행실을 본받아 찾고 조용히 익힌 다음에 학문으로 나가는 공적이 길러질 수 있을 것이다. 만일 바삐 지나치거나 예사로이 외우기만 할 뿐이라면 문장만을 익히는 제일 좋지 못한 방법이니, 비록 천 편의 글을 외우고 머리가 희도록 경전을 이야기한들 무슨 도움이 되겠는가."라고 하였다.

― 김성일이 스승인 퇴계 이황(1501~1570년)의 독서에 대한 가르침을 고백하는 대목

기본적인 기억법을 알면
기억력이 쑥쑥 자란다

이번에는 효과적인 기억법에 대해 알아보겠습니다. 내용을 무조건 외우는 것보다는 기억하기 쉬운 방법으로 외우는 것이 더욱 효과적입니다.

첫째, 외워야 할 내용이 많거나 외우기 어려운 내용을 첫 글자만을 모아서 기억하는 것입니다. 이와 아울러 모아 놓은 첫 글자에 일정한 리듬을 부여하면 더욱 쉽고 재미있게 기억할 수 있습니다. 영어 알파벳을 처음 배울 때 불렀던 노래 가락을 떠올려 보면 무슨 뜻인지 쉽게 알 수 있을 것입니다(ABCD/EFG/HIJK/LMN/……). 조선시대 임금들의 집권 순서를 기억할 때도 이와 같은 방법을 사용합니다(태정태세/문단세/예선연중/인명성/광인효현/숙경영…). 무지개 색깔에 대해 공부를 할 때도 이와 마찬가지입니다. 무지개 색깔을 빨강, 주황, 노랑, ……식으로 공부를 하려면 시간이 많이 걸릴 뿐만 아니라 짧은 시간 내에 잊어버릴 확률이 높지만 첫 글자만 따서 '빨주노초파남보'라고 하고, 일정한 리듬을 붙이면 쉽게 기억할 수 있습니다.

가락이나 리듬을 사용할 때는 대개 4.3조의 가락을 활용하는 것이 효과적이며, 내용에 리듬이나 가락을 붙이면 기억하기가 훨씬 쉽습니다. 이처럼 첫 글자를 따서 기억하면 배우기도 쉽고, 기억하기도 쉽습니다. 이런 방법을 '첫 글자만 따서 기억하는 방법'이라고 합니다. 이 방법을 잘 사용하기 위해서는 다음과 같은 순서를 알고 있어야 합니다.

❶ 기억해야 할 단어들의 첫 글자를 모아 봅니다.
❷ 첫 글자들을 모은 다음, 순서가 중요한 것이라면 그대로 외웁니다. 만약 그렇지 않은 경우에는 서로 바꾸어서 재미있는 말을 만들어 봅니다.
❸ 모은 첫 글자의 수가 많으면 4개씩이나 3개씩 끊어서 기억합니다(예를 들면, 빨주노초/파남보 등).

이제 연습해 보겠습니다. 여러분이 기억해야 할 것이 다음과 같다고 가정하고 '첫 글자만 따서 기억하는 방법'을 적용해 보겠습니다.

우리나라의 3대 악성 : 우륵, 왕산악, 박연

1단계로, 기억해야 할 단어들의 첫 글자를 모아 보겠습니다. 그러면 '우, 왕, 박'이 됩니다.
2단계로, 이 내용은 순서가 중요하지 않으므로 글자들을 바꾸어서 재미있는 말을 만들어 보겠습니다. 그러면 '왕우박'이 됩니다.

하나 더 예를 들어 보겠습니다.

엄마의 심부름으로 과일 가게에 가서 '오렌지, 복숭아, 사과, 파인애플, 살구, 포도'를 사야 한다고 가정해 보겠습니다. 이를 효과적으로 외우려면 어떻게 해야 할까요? 앞에서 배운 기억법을 사용하면 간단하게 기억할 수 있습니다. 즉 '오복사, 파살포'라고 외우면 됩니다.

한 단계 더 나아가 첫 글자만 딴 다음, 첫 글자들 사이에 다른 단어를 집어넣어서 재미있는 문장을 만든 다음, 기억을 하는 방법도 있습니다. 한 가지 예를 들어 보겠습니다.

거문고를 만든 사람은 왕산악입니다. 여기에서 거문고의 첫 자인 '거'자와 왕산악의 첫 자인 '왕'자를 모아 봅니다. 그러면 '거왕'이 됩니다. 이 또한 순서가 중요하지 않기 때문에 순서를 바꾸어 봅니다. 그러면 '왕거'가 됩니다. '왕거'라는 단어 끝에 '미'를 집어넣어 봅니다. 그러면 '왕거미'가 되지요. 따라서 우리는 '거문고를 만든 사람은 왕산악이다'라는 것을 기억하기 위해 '왕거미'라는 단어만 기억하면 되는 것입니다.

둘째, 숫자를 기억하고자 할 때 그 숫자에 의미를 부여하면 놀라울 정도로 쉽게 기억됩니다. 또 기억해야 하는 숫자를 소리와 뜻이 비슷한 다른 낱말로 바꾸면 좀 더 재미있게 기억할 수 있습니다. 예를 들어 보겠습니다. 숫자 101023535를 기억해야 한다고 가정해 봅시다. 이 숫자에 의미를 부여하여 10(열)10(열)2(히=이)3(삼)5(오)3(삼)5(오), 즉 '열열이 사모

사모'라고 외우면 어떨까요? 더욱 쉽게 기억할 수 있겠지요?

한 가지 예를 더 들어 보겠습니다.

3.1운동은 1919년에 일어났습니다. '아이구아이구'는 '1919년'을 재미있는 말로 바꾼 것입니다. 즉, 1은 영어의 I(발음 : 아이)와 비슷하고, 9는 '구'로 발음됩니다. 1919년은 바로 3.1운동이 일어난 연도입니다. 그래서 "3.1운동 때 많은 사람들이 피를 흘리면서 '아이구(19), 아이구(19)'라고 소리쳤다."라고 기억하면 쉽고 재미있게 기억할 수 있습니다.

필자는 이 기억법을 '재미있게 뜻이 통하는 방법'이라고 표현합니다. 그 이유는 아무 뜻도 없는 것을 아주 재미있거나 특별한 의미가 있는 것으로 만들어 기억하는 방법이기 때문입니다. 이 방법에는 절차가 필요 없습니다. 단지 기억해야 할 숫자를 자기 나름대로 의미 있고 재미있게 만들어 기억하면 되는 것입니다. 남들이 보면 유치하다고 생각할지 몰라도 기억만 잘할 수 있으면 되는 것이니까요. 그럼 이번에는 '콜럼부스가 신대륙을 발견한 해인 1492년'을 기억해 볼까요?

1 = 영어 단어의 i(아이)
4 = 〈네(넷)〉
9 = 〈구〉
2 = 〈두(둘)〉

이는 〈아이(1=i) 네(4) 구(9) 두(2)〉로 바꿀 수 있습니다. 즉, 콜럼부스가 배를 타고 가다가 신대륙을 발견하고 배에서 내릴 때 구두를 바다에 빠뜨렸는데, 이때 콜롬부스가 '아이! 네 (내)구두'라고 소리쳤다고 기억하면 됩니다.

또 다른 예를 들어 볼까요? 만약 '한라산의 높이는 1950m다.'라는 것을 기억해야 한다고 가정해 봅시다. 앞에서 배운 대로 재미있는 말을 만들어 보겠습니다. '1950'에서 '1'은 '한 번, 두 번…'할 때의 '한 번'이고, '9'는 '구(경)'로 발음되며, '50'은 '오십(시오)'으로 발음합니다. 따라서 이는 '한라산에 한 번(1) 구(9)경 오십(50)시오.'라고 기억하면 됩니다. 이렇게 기억하면 무척 재미있을 뿐만 아니라 아주 오랫동안 기억할 수 있습니다.

다음은 전화번호를 재미있게 만들어 놓은 것입니다. 여러분의 집 전화번호도 재미있는 말로 만들어 보세요.

기차역 : 7788(칙칙폭폭)
중고 상품 : 4989(사구팔구)
서비스센터 : 8282(빨리빨리)
제과점 : 0142(빵 하나 사이소)
제화점 : 2892(두 발 구두)
꾸이집 : 9292(꾸이꾸이)
치과 : 2828(이빨이빨)

셋째, 그림으로 그려 보는 방법입니다. 예를 들어 보겠습니다. 다음 내용을 외워야 한다고 가정해 봅시다.

우리는 몸이 필요로 하는 많은 영양소를 골고루 섭취해야 합니다. 그런데 비타민이 부족할 때 어떤 병이 생기는지에 대해 한번 알아보겠습니다. 비타민에는 여러 종류가 있습니다. 그 중 비타민 A가 부족하면 야맹증에 걸릴 수 있습니다. 야맹증은 밤눈이 어두운 것을 말합니다. 비타민 C가 부족하면 괴혈병에 걸릴 수 있습니다. 괴혈병은 잇몸에서 피가 나는 병입니다. 비타민 D가 모자라면 구루병에 걸릴 수 있습니다. 구루병은 등이 점점 활처럼 굽어 똑바로 펴지지 않게 되는 병입니다. 비타민 E가 부족하면 불임증에 걸릴 수 있습니다. 불임증에 걸리면 아기를 가질 수 없습니다. 그리고 비타민 B가 부족하면 각기병에 걸릴 수 있습니다. 각기병은 손으로 다리의 살을 눌렀을 때 제자리로 돌아오는 시간이 오래 걸립니다.

이 내용을 외우기 위해서는 가장 먼저 표로 정리하는 것이 좋습니다. 다음 표는 위 내용을 표로 정리한 것입니다.

비타민	병명
비타민 A	야맹증(눈과 관계)
비타민 C	괴혈병(입과 관계)
비타민 D	구루병(등과 관계)
비타민 E	불임증(배와 관계)
비타민 B	각기병(다리와 관계)

비타민 A는 눈과 관계가 있습니다. 그런데 A자를 옆으로 돌려보면 사람의 눈 모양과 비슷해집니다.

A ➡ 눈

비타민 C는 입과 관계가 있습니다. C자는 입을 옆으로 크게 벌린 모양과 비슷합니다.

C ➡ 입

비타민 D는 등과 관계가 있습니다. D자는 곱사등이의 구부러진 등처럼 나타낼 수 있습니다.

D ➡ 등

비타민 E는 배와 관계가 있습니다. E자는 몸통 모양과 비슷하게 나타내 봅니다.

E ➡ 배

비타민 B는 다리와 관계가 있습니다. 그래서 B자를 길게 늘려서 다리처럼 만들어 봅니다.

B ➡ 다리

위의 것들을 한 곳에 모아 보면 다음과 같은 그림을 그릴 수 있습니다.

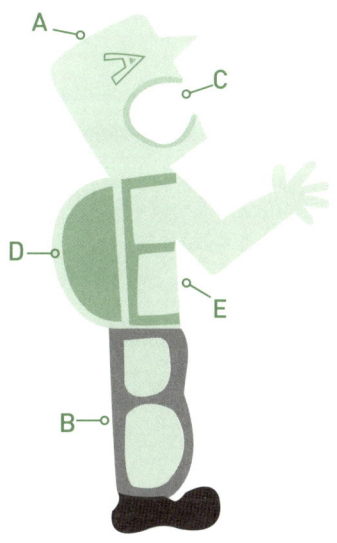

어때요, 사람처럼 보이죠? 비타민 부족으로 생기는 병들을 기억할 때는 그림처럼 재미있게, 그리고 의미 있는 것으로 만들어 기억하면 아주 오랫동안 기억될 것입니다.

넷째, 비슷한 낱말을 찾는 방법입니다. 이 방법은 외국어 단어를 기억할 때, '저자 - 저서' 등을 연결시켜 기억하고 싶을 때 매우 효과적입니다. 이 기법을 효과적으로 사용하기 위해서는 다음의 세 가지 단계를 이해해야 합니다.

제 1단계로, 기억해야 할 낱말(예를 들어, 영어 단어, 제 2외국어 등) 중에서 전체적이거나 부분적인 핵심 단어를 찾아냅니다. 여기서 핵심 단어란, 발음이 비슷하거나 철자가 비슷하여, 다른 낱말로 바꿀 수 있는 낱말을 의미합니다.

제 2단계로, 핵심 단어를 포함하고 있는 영어 단어나 우리나라 말을 찾습니다. 일단 핵심 단어나 핵심 단어를 포함하고 있는 단어를 찾은 다음, 그 의미에 대해 알아봅니다.

제 3단계로, 기억해야 할 단어의 뜻과 핵심 단어의 뜻을 서로 결합시킵니다. 또 중간에 다른 낱말을 집어넣어 서로 의미 있는 문장을 만들어 봅니다. 아래에 있는 예를 보면 쉽게 이해할 수 있을 것입니다.

① 이효석(작가) - 화분(저서)
　→ '이 효자 녀석이 부모에게 화분을 보냈다.'

② 주요한(작가) - 불놀이(저서)
　→ 불놀이를 할 때는 주의해야 한다.

③ charm(발음 : 참 / 의미 : 매력적인)

　→ 참! 매력적이다.

④ agree(발음 : 어그리 / 의미 : 찬성하다)

　→ 어! 그러면 찬성한다.

　이런 기억법들은 배우기도 쉽고 활용하기도 쉽습니다. 여러분들이 자유롭게 사용할 수 있도록 하기 위해서는 여러 차례 연습을 해야 할 것입니다. 그런데 무엇보다 중요한 것은 기억해야 할 내용을 반드시 먼저 이해한 다음에 기억해야 한다는 것입니다.

○ *잠깐 쉬어가기 : 옛 사람 공부 산책*

　글을 읽을 때는 높은 소리로 읽는 것이 좋지 않다. 글을 읽는 소리가 높으면 기운이 떨어진다. 눈을 딴 데로 돌려도 안 된다. 눈이 딴 데로 돌리면 마음이 딴 데로 달아난다. 몸을 흔들어도 안 된다. 몸이 흔들리면 정신이 흩어진다.

－ 담헌 홍대용(1731~1783년)

옛날, 숲속에 꿩 부부가 살고 있었다. 그들은 서로 사랑을 나누었다. 얼마 후 꿩 새끼 10마리가 태어났다. 그런데 따뜻한 봄날, 꿩의 새끼 한 마리가 사라져 버렸다. 아빠 꿩은 틀림없이 다른 짐승이 유괴했을 것이라고 믿었다.

그는 가장 먼저 이웃에 사는 토끼를 의심했다. "틀림없어! 토끼가 왜 우리와 가깝게 살고 있었겠어? 기회를 엿보다 내 새끼를 잡아먹자는 속셈이었던 거야. 속담에 '토끼는 울타리 앞의 풀을 뜯어먹지 않는다.'고 했지. 울타리 앞의 풀을 뜯어먹지 않는다면, 그건 바로 고기를 잡아먹는다는 말 아니겠어?"

문제 01 _아빠 꿩이 토끼를 의심하는 데 있어 어떤 근거나 증거가 있는가?

① 없다
② 있다

문제 02 _토끼가 꿩과 가까이 살고 있다고 해서 토끼가 잡아먹었다고 할 수 있는가?

① 없다
② 있다

이렇게 의심한 꿩은 토끼를 자세히 살펴보았다.

"축 늘어진 큰 귀를 봐. 틀림없는 강도의 모습이야! 그 빨간 눈은 악마의 것이 아닌가? 짧은 꼬리는 꼭 이리 새끼를 훔쳐 먹다 이리에게 물어뜯긴 꼴이군!"

보면 볼수록 토끼는 흉물스럽게 보였다. 꿩은 틀림없이 새끼가 토끼에게 잡아먹혔다고 결론을 내었다.

문제 03 _꿩이 이런 결론을 내리는 데 충분한 이유를 가지고 있는가?

　　　　① 있다
　　　　② 없다

꿩은 저도 모르게 목놓아 외쳤다.

"아이고, 불쌍한 내 자식. 가엾게도 토끼의 밥이 되고 말다니."

그런데 이튿날 없어졌던 새끼 꿩이 무사히 돌아왔다. 새끼 꿩은 밖에서 놀다 집으로 돌아오는 길을 잃었다고 했다.

해설

문제 01_① 　　　　문제 02_① 　　　　문제 03_②

05

책을 잘 읽고
글을 잘 쓰는 법

:: 글쓰기는 모든 공부의 기본이다

책을 읽고 이해하는
능력을 키워 주는 방법

책 읽는 방법은 일종의 기술입니다. 어떤 사람들은 '책 읽기'를 '읽기 기술'이라 말하기도 하는데, 이 말은 '글을 효율적으로 읽고 이해하는 기술'이라는 의미를 담고 있습니다. 책을 읽고 이해하는 것은 국어 과목 공부를 잘하기 위한 것뿐만 아니라 다른 과목의 공부도 잘하기 위한 바탕이 되므로 반드시 배우고 익혀야만 합니다.

읽기 기술에는 글을 읽으면서 중요한 내용에 밑줄 긋기, 읽은 내용을 자신이 이해한 내용으로 말해 보기, 읽은 내용을 기초로 도표를 만들거나 그림으로 나타내 보기, 글을 읽는 중간에 읽은 내용을 이해하고 있는지 등을 점검해 보기 등이 포함됩니다.

읽기 기술이 중요한 이유는 우리가 공부하는 대부분의 자료들이 글의 형태로 된 것들이기 때문입니다. 따라서 읽기 기술은 글을 효과적으로 읽고, 이해하고, 기억하기 위해 가장 기본적으로 배워야 합니다. 여러분이 읽기 기술을 배우고 나면 글 읽기가 한결 쉬워질 뿐만 아니라 글 속에 담겨 있는 뜻을 이해하는 데도 큰 도움이 될 것입니다.

책을 읽고 이해하는 능력은 매우 중요합니다. 대개의 시험에서 이런 능력이 차지하는 비율은 약 70% 이상입니다. 그런데 우리들은 많은 책을 읽고 난 다음에 그 책 속에 쓰여 있는 내용을 곧잘 잊어버리곤 합니다. 이와 같은 일이 계속 반복되면 공부에 대한 흥미를 점점 잃어버리겠지요. 그렇다면 어떻게 해야 할까요? 책을 읽을 때 아래의 방법들을 사용해 보세요. 자신도 모르게 이해력과 독해력이 놀랍게 향상될 것입니다.

첫째, 머리말을 먼저 읽으세요. 책을 읽기 시작하기 전에는 반드시 머리말부터 읽는 것이 중요합니다. 머리말에는 지은이가 글을 쓴 동기, 독자들이 꼭 알아 주었으면 하는 내용, 책이 어떻게 구성되었는가 하는 사항들이 적혀 있습니다. 이런 사실들을 미리 알고 책을 읽는다면 이해가 더 잘 되겠지요.

둘째, 책의 내용을 가볍게 훑어보세요. 책을 본격적으로 읽기 전에 그 책이 어떤 내용을 담고 있는지를 아는 것이 중요합니다. 따라서 다음과 같은 방법을 이용하는 것이 좋습니다.

1 문단의 첫 문장들을 읽어봅니다.
2 제목들을 살펴봅니다.
3 그림, 도표, 지도 등을 간단하게 훑어봅니다.

❹ 질문 내용이나 답을 구하는 문제 등이 있는지 살펴봅니다.

책을 읽기 전에 위의 방법대로 한번 해 보십시오. 여러분이 이 방법을 사용하면, 읽어야 할 책의 내용이 무엇인지를 대충 알 수 있기 때문에 이해력과 사고력이 높아집니다.

셋째, 꼼꼼하게 읽어 나가세요. 책의 전체 내용을 가볍게 훑어보았으면, 그 다음에는 정신을 집중해서 책을 읽습니다. 책을 읽을 때는 소리를 내지 말고 꼼꼼히 읽어야 합니다. 책 속에 담긴 내용이 무엇인지를 생각하면서 읽습니다. 이때 여러분이 해야 할 일은 다음과 같습니다.

❶ 제목을 의문문으로 바꾸어 질문해 봅니다.
❷ 질문에 대한 답이 있는지 찾으면서 읽습니다.
❸ 책을 읽을 때 모르는 단어가 있으면 밑줄을 쳐서 표시해 둡니다.
❹ 이해하기 어려운 문장이나 공식 등은 표시해 둡니다.

책을 읽을 때는 분야별로, 책의 내용에 맞게 읽어야 합니다. 대부분의 학생들은 다양한 종류의 책들을 같은 방법으로 읽는 경우가 많습니다. 하지만 책의 종류에 따라 읽는 방법을 바꾸어야 합니다.

공부하기 위해서 책을 읽을 때는 소리 내지 말고 읽어야 하며, 꼼꼼하게 읽어야 합니다. 특히 주의해야 할 것은 책을 읽을 때 입술을 움직이지 말아야 하며, 머리도 움직이지 말아야 합니다. 오로지 눈동자만을 움직여야 합니다. 그러나 동화책이나 만화책이라면 글의 전체 의미만 통하면 되므로, 읽고 싶은 부분만 읽는 것이 오히려 효과적입니다.

넷째, 읽은 내용을 깊이 생각해 보세요. 책을 읽고 질문에 대한 답을 찾았으면 깊이 생각해 봅니다. 내가 찾은 답이 맞는지, 아니면 또 다른 답이 있는지를 읽는 내용을 바탕으로 깊이 생각해 봅니다. 이때 여러분이 주의해야 할 점은 다음과 같습니다.

1. 찾아낸 답이 무엇인지를 생각해 봅니다.
2. 읽은 내용이 무엇인지를 생각해 봅니다.
3. '이해하면서 읽기'에서 이해가 가지 않았던 부분, 즉 밑줄로 표시한 부분을 다시 찾습니다.
4. 이해하지 못한 것이 단어라면 사전을 참고하거나 친구, 선생님 등에게 질문하여 그 단어의 뜻을 알고, 이와 아울러 동의어, 반의어, 비슷한 말 등을 찾아봅니다.
5. 이해하지 못한 것이 문장이나 공식이면 문장을 주어나 동사로 구분해 봅니다. 그리고 문장의 뜻을 파악한 후 비슷한 문장, 같은 문장 등을 알아봅니다. 또 공식이라면 전과나 참고서를 찾아 확실하게 알아 둡니다.

다섯째, 문제를 만들어 보세요. 여러분이 선생님 입장이 되어 시험 문제를 만들어 보세요. 지금까지 공부한 내용에 대해서 완전히 이해했다면, 교과서 내용과 관계 있는 질문을 스스로 만들어 봅니다. 그리고 그 질문에 대한 답을 말해 봅니다. 이때 생각해야 할 점은 다음과 같습니다.

1. 내가 만일 선생님이라면 어떤 문제를 낼 것인가?
2. 내가 선생님이라면 학생들에게 무엇이 중요하다고 말할 것인가?

❸ 내가 시험 문제를 낸다면, 어떤 문제를 어렵게 낼 것인가?

이와 같은 질문이나 문제를 스스로 만들어 봅니다. 그리고 자신이 만든 문제나 질문에 대해서도 스스로 답해 봅니다.

여섯째, 반드시 복습을 하세요. 여기서 복습이란, 지금까지 내가 공부한 것은 어떤 내용이며, 무엇이 특히 중요한지, 내가 이해하지 못한 것은 어떤 내용이며, 특히 무엇이 어려웠는지 등을 전반적으로 검토하는 것을 말합니다. 복습을 통해 중요하다고 생각되는 내용은 반드시 알아 두고, 복습이 끝난 다음에는 책을 완전히 덮고 공부한 내용을 차례차례 머릿속에 떠올려 보는 것이 좋습니다. 이제까지 소개한 공부법들은 대부분의 우등생들이 사용하고 있는 방법이며, 앞으로 공부를 잘해 보겠다는 생각을 가진 학생이라면 반드시 이 방법을 사용해야 합니다.

⬤ *잠깐 쉬어가기* : 옛 사람 공부 산책

> 너희들은 집에 책이 없느냐? 재주가 없느냐? 눈과 귀가 총명하지 못하느냐? 무엇 때문에 스스로 공부를 포기하려 드는 것이냐? 이는 모두 폐족이라고 생각하기 때문이다. 폐족은 오직 벼슬길에만 지장이 있을 뿐, 폐족으로서 성인이 되고 문장가가 되고 진리를 통달한 선비가 되기에는 아무런 거리낌이 없는 것이다. 거리낌이 없을 뿐만 아니라 도리어 크게 나은 점이 있으니, 그것은 과거시험을 보지 않아도 되고, 또 빈곤하고 곤궁한 고통이 심지를 단련시키고 지식과 생각을 개발해서 인정과 사물의 진실과 거짓을 두루 알 수 있게 하기 때문이다.
>
> – 다산 정약용(1762~1836년)이 유배지에서 아들에게 보낸 편지 중에서

첫 문장과 마지막 문장은
책의 전체를 보여 준다

자음과 모음이 모여 낱말이 되고, 낱말들이 모여 문장이 됩니다. 그리고 문장들이 모여 문단이 되고, 문단들이 모여 단락을 이룹니다. 한 문단은 일반적으로 5~9개 정도의 문장들로 이루어져 있습니다.

문단에는 반드시 핵심적인 문장이 있고, 그 중요한 문장을 보조해 주는 문장들로 이루어져 있습니다. 그런데 여기서 중요한 것은 한 문단의 중요한 문장들은 대개 문단의 첫 부분이나 끝 부분에 위치해 있다는 것입니다. 따라서 문단의 첫 문장과 끝 문장은 반드시 읽어야 합니다.

한 문단에서 첫 문장과 마지막 문장을 꼭 읽는 것처럼, 여러 문단들 중에서도 첫 문단과 마지막 문단은 반드시 자세하게 읽어야 합니다. 첫 문단은 대개 글의 시작이 되는 부분이기 때문에 매우 중요합니다. 마지막 문단 또한 전체 내용을 요약하거나 글의 결론을 나타는 경우가 많기 때문에 매우 중요하다고 할 수 있습니다. 그렇다고 해서 중간에 있는 문단들을 읽지 말라는 뜻은 아닙니다. 다만, 이 방법은 훑어보기를 하거나 시간이 부족할 때 사용하면 매우 효과적일 수 있습니다.

항상 어떤 종류의 책이든 처음 부분과 마지막 부분은 반드시 읽어야 합니다. 이는 여러분이 텔레비전 드라마를 볼 때 첫 부분을 놓치면 드라마의 내용을 잘 이해할 수 없는 것과 마찬가지입니다.

독서는 친구처럼
늘 가까이 하면
독해력이 향상된다

독해력이란, 글을 읽고 그 내용을 잘 이해하는 능력을 말합니다. 글을 읽고 글의 내용을 잘 이해하면 예습을 잘할 수 있고, 학교 수업도 무척 재미있을 것입니다. 교과서의 내용을 이해하면 그 과목에 대한 흥미가 높아집니다.

글 속에 포함되어 있는 낱말을 이해하지 못하는 경우, 어휘력이 부족하다고 표현합니다. 즉, 어휘력이 높다는 것은 어떤 뜻이나 사물을 나타내는 낱말(단어)을 많이 알고 있다는 것을 나타냅니다. 따라서 어휘력을 높이려면 글의 전체 내용을 바탕으로 그 낱말의 의미를 파악한 후, 국어사전을 찾아보아야 합니다. 어휘력이 낮으면 공부를 많이 하더라도 튼튼한 실력을 쌓을 수 없습니다.

또 문장들이 어떤 형태로 짜여 있는지를 알아야 합니다. 즉, 중심 문장에 대한 원인들을 써 놓은 것인지, 단순히 여러 예를 늘어놓은 것인지 등을 알아보아야 합니다. 이 경우에는 특히 내용 가운데 '첫째, 둘째……' 등의 낱말들이 있는지 찾아보는 것이 좋습니다.

바람직한 책읽기는
빠르게 읽으면서
중요한 내용을 뽑는 것이다

책의 종류에 따라 읽는 방법도 달라야 합니다. 이는 같은 목적지까지라도 버스, 전철, 택시를 탈 때 요금이 각각 다른 것과 마찬가지입니다. 책의 종류에 따라서 읽는 방법이 다르다는 것은 잘 알고 있지만, 그 구체적인 방법에 대해서는 잘 모르고 있는 사람들이 많습니다.

두 학생이 책을 읽고 있는데, 한 학생은 책의 모든 내용을 읽고 있고, 다른 학생은 꼭 필요한 부분만 읽고 있다고 가정해 보겠습니다. 과연 누가 옳은 방법으로 책읽기를 하고 있는 것일까요? 일반적으로 책에 적혀 있는 모든 내용을 다 읽을 필요는 없습니다. 의미 없이 반복되는 단어들이나 문장은 읽을 필요가 없습니다. 모든 내용을 빠짐없이 읽으면 시간이 많이 걸릴뿐만 아니라 이해를 하는 시간도 많이 필요합니다.

어떤 학생은 책은 한 번만 읽으면 충분하다고 말합니다. 이는 한마디로 틀린 말입니다. 책을 읽기 전에 전체를 한 번 훑어보고, 잘 모르는 부분은 주의 깊게 다시 읽어야 합니다. 따라서 한 번만 읽는 것으로는 그 내용을 정확하게 파악하기가 쉽지 않습니다. 빠른 속도로 글을 읽고, 읽은 내용을 천천히 생각해 보고, 서로 관련지어 보는 일에 많은 시간을 투자해야 합니다.

그렇다면 빠른 속도로 읽는다고 이해력이 떨어질까요? 그렇지 않습니다. 책을 무조건 천천히 읽는다고 해서 내용을 완전하게 이해할 수 있는 것이 아니듯이 책을 빠르게 읽는다고 해서 이해력이 떨어진다고 말할 수는 없습니다. 어떤 학생은 빠르게 읽으면서도 이해력이 뛰어나고, 어떤 학생은 느리게 읽으면서도 이해력이 부족하기 때문입니다. 따라서 바람직한 독서란 빠르게 읽으면서도 중요한 내용을 뽑아낼 수 있느냐의 여부에 달려 있습니다.

빠른 속도로 글을 읽으면 눈이 나빠질까요? 책을 읽을 때는 머리를 움직이지 말고 눈동자를 빠르게 움직여야 합니다. 눈동자를 빠르게 움직이면 피곤할 수는 있지만 눈이 나빠지지는 않습니다. 즉, 책을 많이 읽는다고 해서 눈이 나빠지는 것은 아닙니다. 이처럼 책을 읽을 때 잘못 알고 있는 내용들이 많이 있습니다. 잘못 알고 있는 독서 습관은 독서 속도와 이해력을 떨어뜨린다는 것을 잊지 마세요.

● *잠깐 쉬어가기* : 옛 사람 공부 산책

> 　　내가 독서할 때 여섯 가지 필요한 목적을 세워 독서를 하였다.
> 첫째 부지런히 글을 읽을 것, 둘째 잘 기억할 것, 셋째 정밀하게 생각할 것, 넷째 분명히 분별할 것, 다섯째 잘 기술할 것, 여섯째 독실하게 생활할 것이다.
>
> — 미암 유희춘(1513~1577년)

글을 잘 쓰기 위한
다섯 계단

이번에는 쓰기 기술에 대해 알아보겠습니다. 쓰기 기술은 어떤 주제에 대해 자신의 생각을 분명하게 표현할 때 필요합니다. 즉, 쓰기 기술이란 자신의 주장을 분명하게 글로 적거나 표현하는 것을 말합니다. 따라서 쓰기를 잘하기 위해서는 가장 먼저 주제에 적합한 자료가 풍부해야 하며, 글을 쓸 때 주제와 세부 내용을 잘 정리하여 써 나가는 것이 중요합니다.

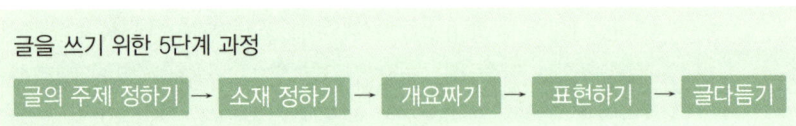

글을 쓰기 위한 5단계 과정

글의 주제 정하기 → 소재 정하기 → 개요짜기 → 표현하기 → 글다듬기 글을 잘 쓰는 방법에 대해 공부하고 나면 자신의 생각을 정확하게 문장으로 표현할 수 있게 될 뿐만 아니라 글을 더욱 짜임새 있게 구성할 수 있습니다. 글을 잘 쓰기 위한 과정은 다음과 같습니다.

첫째, 주제를 정합니다. 어떤 글의 주제를 잘 정하려면 자신이 쓰고자 하는 글과 관련된 여러 가지 자료를 찾아 읽어야 합니다. 그런 다음, 자신이 나타내고자 하는 중심 생각을 적절한 문장으로 표현해야 합니다. 하나의 주제를 가지고 제목을 정하는 것도 이 과정에 포함됩니다.

이 단계에서는 글 전체의 방향과 주제, 제목이 정해집니다. 예를 들어 환경에 대한 주제로 글을 쓰기로 마음먹었다면, 가장 먼저 머릿속에 환경과 관련된 모든 단어들을 적어 본 후, 그 중에서 자신이 가장 자신 있는 단어를 골라 완성된 문장을 만들어 봅니다.

둘째, 소재를 정합니다. 소재 정하기란, 앞에서 정한 주제를 효과적으로 나타낼 수 있는 낱말들을 선택하는 기술을 말합니다. 이는 일종의 자료 수집 단계라고 할 수 있습니다. 글의 주제를 잘 표현하기 위해서는 알맞은 낱말들을 선택하는 일이 중요하므로, 글을 잘 쓰기 위해서는 반드시 적절한 소재를 선택하는 것이 좋습니다. 예를 들어 글의 주제를 '환경 파괴로 인해 오염이 심각하다'라고 정했다면, '오염'이라는 낱말을 제일 먼저 선택할 수 있을 것입니다. 그리고 오염에는 대기오염, 토양오염, 수질오염 등이 있으며, 이 중에서 특히 수질오염에는 각종 폐수, 바다를 항해하던 유조선 침몰 등의 사고, 식수원 오염 등이 있다는 것 등을 알고 있어야 합니다. 이렇듯 이 단계에서는 글의 주제를 가장 잘 나타낼 수 있는 낱말을 찾아내는 일과 이 낱말들과 관련된 다른 낱말들을 잘 분류하여 소재를 정하는 일이 중요합니다.

셋째, 개요짜기를 합니다. 개요짜기란, 주제를 잘 드러내기 위해 처음, 중간, 끝에 들어갈 내용을 적절히 조정하고 배열하는 기술을 말합니다. 글의 주제를 효과적으로 나타내기 위해서는 중심 내용을 정확하게 표현해야 합니다. 그리고 무엇보다 중심 내용을 뒷받침하는 문장들 사이의 연결이 자연스러워야 합니다.

개요짜기는 글의 내용이 불필요하게 중복되는 것을 피하고, 글을 논리적으로 써 나갈 수 있도록 하는 역할을 합니다. 다시 말해서 개요짜기는 글을 체계적으로 쓸 수 있도록 하는 중심 뼈대 역할을 합니다. 이 단계에서는 개요짜기에 의해 선택된 소재를 문장으로 나타냅니다. 그리고 여러 문장들 가운데 중심 문장을 정하고, 중심 문장을 보조해 주는 역할을 하는 문장을 정합니다.

넷째, 표현합니다. 표현하기란, 글의 전체적인 개요를 기초로 하여 앞뒤 문장이 자연스럽게 이어지도록 적절한 연결어와 지시어를 사용하는 기술을 말합니다. 즉, 표현하기는 다양한 표현 방법을 활용하여 주제가 더욱더 잘 드러나도록 하는 역할을 합니다. 이 단계에서는 형식에 얽매이지 않고 자신의 방법대로 마음껏 표현하는 것이 중요합니다. 또 이 단계에서는 철자나 띄어쓰기, 문단나누기보다는 전체적인 글의 내용에 더 신경을 쓰는 것이 좋습니다. 이 단계에서는 나중에 수정할 수 있도록 노트에 빈 공간 등을 충분히 남겨 두는 것이 좋습니다.

다섯째, 글을 다듬습니다. 글 다듬기란, 글의 논리적인 흐름이 잘못되었거나 문법적으로 잘못된 부분을 수정하는 것뿐만 아니라 글을 읽기에 좋도록 고치는 것도 포함합니다. 이 과정은 글을 읽는 사람에게 좋은 인상을 심어 주는 역할을 합니다.

이 과정에서는 글들을 꼼꼼하게 다시 읽어 보고, 문장 부호, 낱말, 문장 등이 적절하게 사용되었는지를 확인하며, 불필요한 내용을 삭제하고 빠진 내용을 보충합니다. 자신이 표현한 글을 점검할 때는 다음 내용에 유의해야 합니다.

① 주제를 질문 형태로 바꾸었을 때 자기가 쓴 글이 질문에 대한 답을 담고 있는가?
② 글의 중요한 내용들을 빠짐없이, 그리고 깊이 있게 다루고 있는가?
③ 내용이 정확하며 주제와 관계 있는 것들인가?
④ 글의 순서가 자연스러운가?
⑤ 맞춤법을 잘 따르고 있는가?

글을 잘 쓰기 위한
능력을 기르는 법

첫째, 낱말 실력을 길러야 합니다.

대부분의 학생들은 자신이 쓰고자 하는 글의 주제나 소재에 대한 정보나 배경 지식이 부족한 경우가 많이 있습니다. 따라서 주제나 소재에 대한 자료를 먼저 살펴봄으로써 글을 쓸 때 단어의 뜻이나 글과 관계된 배경 지식이 부족하여 글의 질이 떨어지는 일이 없도록 해야 합니다.

낱말을 공부할 때는 그 낱말이 한자로 어떻게 쓰여지는지도 함께 알아보는 것이 좋습니다. 그리고 그 낱말과 비슷한 뜻을 가진 낱말에는 어떤 것들이 있고, 반대말 또는 상대되는 낱말에는 어떤 것들이 있는지도 알아보는 것이 좋습니다. 같은 낱말을 여러 번 반복해서 쓰는 것보다는 비슷한 낱말들을 번갈아 쓰는 것이 좋기 때문입니다.

문장을 쓸 때는 불필요한 낱말은 빼고, 적절한 단어를 사용해야 합니다. 또 뜻이 불분명한 낱말은 빼고, 적절한 낱말을 사용해야 합니다. 자신의 느낌과 생각을 정확하게 전달하기 위해서는 쉬운 말로 글을 쓰는 것이 좋습니다. 뜻도 알지 못하는 한자어를 함부로 사용하는 것은 바람직한 습관이라고 할 수 없습니다. 예를 들어 보겠습니다.

겨울에는 화재가 빈번하게 일어난다.	×
겨울에는 화재가 자주 일어난다.	O

어려운 문제에 봉착하였다.	×
어려운 문제에 부딪혔다.	O

진실은 언젠가는 자명하게 드러나게 마련이다.	×
진실은 언젠가는 분명히 드러난다.	O

그런 일들이 왕왕 벌어지는 일이 꽤 많다.	×
그런 일들은 자주 벌어진다.	O

오늘 역전 앞에서 약속이 있다.	×
오늘 역 앞에서 약속이 있다.	O

이 물건이 쓰이는 용도는 다양하다.	×
이 물건의 쓰임은 다양하다.	O

또 낱말의 모양(철자법)은 비슷하지만 뜻이나 쓰임이 전혀 다른 말들이 많이 있습니다. 따라서 정확하게 선택하여 쓰지 않으면 뜻이 올바르게 전달되지 않으므로 낱말의 쓰임을 정확하게 파악해야 합니다.

지금 농촌에서는 벼 베기가 한참이다.	×
지금 농촌에서는 벼 베기가 한창이다.	○

친구들과의 약속은 반듯이 지켜야 한다.	×
친구들과의 약속은 반드시 지켜야 한다.	○

배추를 소금에 저렸다.	×
배추를 소금에 절였다.	○

둘째, 문장 실력을 길러야 합니다.

낱말의 뜻을 알고 있다고 하더라도 적절하게 사용해야만 자신의 생각을 제대로 전달할 수 있습니다. 또 문장은 문법에 맞게 표현해야 합니다. 배경 지식이 풍부하고 낱말 실력이 뛰어나다고 하더라도 문법에 어긋나 있으면 결코 좋은 글이라고 할 수 없습니다. 글을 쓸 때는 한 문단에 중요한 문장이라고 생각하는 것을 하나만 쓰고, 나머지 문장들은 중심 문장을 보조해 주는 것이 좋습니다. 중심 문장을 보조해 주는 문장들로는 적절한 예, 원인, 순서 등을 들 수 있습니다.

문장 실력을 기르기 위해서는 신문에 난 머리기사를 활용하는 것이 좋습니다. 예를 들어 '한강 오염 심각'이라는 머리기사가 있다면, 이것을

'공장에서 흘러나온 폐수 때문에 한강의 오염이 심각하다'는 완전한 하나의 문장으로 나타낼 수 있습니다. 이처럼 짧은 머리기사를 가지고 완전한 문장을 만들어 보면 문장 실력이 저절로 길러질 뿐만 아니라 낱말 실력도 자연스럽게 향상됩니다.

셋째, 문단을 구성하는 실력을 길러야 합니다.

글의 주제를 효과적으로 나타내기 위해서는 중심 내용을 정확하게 표현할 수 있어야 합니다. 그리고 중심 내용을 뒷받침하는 문장들 사이의 연결이 논리적이어야 합니다. 하나의 문단을 쓸 때는 중심 문장이 맨 뒤에 오도록 하는 것이 좋습니다. 접속사(그리고, 그러나, 그러므로 등)를 사용하여 문장 연결을 자연스럽게 만들고, 중심 문장과 직접 관계가 없는 문장들은 과감하게 빼도록 합니다.

어느 몹시 추운 겨울날, 뱃사공은 어린 아들을 데리고 먼 곳을 향해 노를 저었다. 힘겹게 노를 젓는 뱃사공의 얼굴에는 땀이 줄줄 흘러내렸다. 그는 겉옷 하나를 벗으면서 자기 아들에게 말했다.

"애야, 덥구나. 너도 어서 옷을 하나 벗어라!"

뱃사공의 아들은 겉옷 하나를 벗었다.

노를 젓던 뱃사공의 몸은 또다시 땀으로 흠뻑 젖었다.

그는 또다시 옷을 하나 벗으면서 자기 아들에게 말했다.

"무척 덥구나. 너도 어서 옷을 하나 벗어라!"

나중에 뱃사공은 속옷마저 훌렁 벗어버렸다.

"어휴, 꽤나 덥구나, 더워!"

뱃사공은 아들에게도 남은 옷을 다 벗으라고 말했다.

뱃사공은 계속해서 힘껏 노를 저었다. 뱃사공의 몸에서는 더운 김이 모락모락 피어올랐다. 그러나 어린 아들이 불쌍하게도 꽁꽁 얼어 죽은 것을 몰랐다.

짧은 이야기 긴 생각

뱃사공은 자기가 더우니까 아들도 더운 줄 알고 옷을 벗으라고 하였다. 결국 자신의 아들은 얼어 죽고 말았다. 이는 어떤 사실에 대해 주관적인 판단을 내렸기 때문이다. 주관적 판단은 상대편의 입장을 고려하지 않거나 또는 근거 있는 자료를 참고로 하지 않은 채 결론을 내리기 때문에 오류를 범할 가능성이 높다. 따라서 어떤 판단을 내릴 때는 객관적인 근거와 신중한 생각을 바탕으로 결론을 내려야 한다. 특히 어떤 논쟁을 벌일 때는 상대편과 입장을 바꾸어 생각함으로써 현명한 판단을 내리는 것이 무엇보다 중요하다.

글을 외울 때는 뒤섞지 말아야 하고, 중복하지 말아야 한다.
너무 급하게 외우지 말아야 한다. 너무 급하게 글을 외우면
음미할 시간이 짧아진다. 또 너무 느리게 외우지도 말아야 한다.
너무 느리게 글을 외우면 정신이 해이해지고 방탕해진다.

– 담헌 홍대용 (1731~1783년)

06

독해력 높이기

:: 학교 성적을 좌우하는 핵심 코드이다

사고력과 이해력을 높여야
성적이 오른다

어떤 글을 읽을 때는 중심이 되는 문장이나 가장 중요한 문장을 먼저 파악해야 합니다. 이는 생각하는 능력(사고력)과 글의 내용을 잘 파악하는 능력(이해력)을 높이는 데 매우 중요합니다. 특히 사고력과 이해력의 향상은 학교 성적과 밀접한 관련이 있습니다. 따라서 이러한 능력은 우등생이 되기 위해 기본적으로 갖춰야 할 기술이라고 할 수 있습니다.

이번에는 사고력과 이해력이 무엇인지 좀 더 자세하게 살펴보겠습니다. '사고'라는 말은 '생각한다.'라는 말과 같은 뜻입니다. '생각한다.' 또는 '생각해 보십시오.'라는 말은 여러 가지로 사용됩니다. 예를 들면 '내가 어제 저녁에 무슨 반찬을 먹었는지 생각해 봐야겠다.'라고 말할 때의 '생각'은 '기억해 본다.'와 같은 뜻의 말이고, '나는 이 생각 저 생각이 떠오른다.'라고 말할 때의 '생각'은 '상상한다'와 같은 뜻의 말이며, '당신은 (환경에 대해) 어떻게 생각하느냐?'라고 말할 때의 '생각'은 '신념'과 같은 뜻의 말입니다.

또 '이 문제를 풀기 위해 잘 생각해 보라.'라고 말할 때의 '생각'은 '추리하여 답을 찾다.'와 같은 뜻의 말입니다. 공부를 열심히 해야 하는 여러분에게 필요한 것은 바로 이 '생각'입니다.

한편 이해력이란, 글을 읽고 이해하는 능력을 말합니다. 즉, 글을 읽은 후 그 내용 가운데 중요한 것이 무엇이며, 기억해야 할 것이 무엇인지를 아는 것을 말합니다. 사고력과 이해력은 학교 성적과 밀접한 관련이 있으며, 지능을 향상시키는 중요한 요인이기도 합니다.

이제부터 사고력과 이해력을 개발시키기 위해 간단한 글을 읽으면서 글 내용 가운데 중요한 문장이 어느 것인지 찾아보는 훈련을 해 봅시다.

중심이 되는 문장이나
중요한 문장을 파악하라

중요한 문장이 문단에 그대로 제시되어 있는 경우에는 중요한 문장을 찾기가 비교적 쉽습니다. 문단 속의 중심 문장을 찾기 전에 우리는 글의 내용이 무엇에 대한 것인지를 먼저 알아야 하고, 그런 후에 중심 내용이 무엇인지를 파악해야 합니다. 먼저, 글의 내용을 읽은 후에 '이 글은 무엇(누구)에 관한 글인가?'라는 질문을 곰곰이 해 봅니다. 그런 다음, 한두 개의 단어로 답을 정리해 봅니다. 지금부터 실제로 글의 중심 내용이 무엇이며, 중심 문장은 무엇인지를 찾는 연습을 해 보겠습니다.

● 다음에 나오는 짧은 글을 읽고, 물음에 답해 보세요.

> (1) 과학자들은 UFO(미확인 비행 물체) 발견에 대해 여러 가지 많은 다른 설명을 하고 있다.
> (2) 소위 말하는 UFO는 운석(별똥별)으로 확인되었다.
> (3) 이전에 바람에 날아가는 풍선을 본 적이 없는 사람은 그것을 보고 UFO를 보았다고 생각했다.
> (4) 멀리 떨어져 있는 혹성들을 UFO라 불렀다.

문제 01 위의 글은 무엇에 관한 글일까요?

문제 02 중심 내용에 속하는 구체적인 내용은 무엇일까요?

해설

문제 01_은 중심 내용을 묻는 것입니다. 그래서 우리는 문제의 답으로서 'UFO의 발견'이라고 대답할 수 있습니다.
문제 02_는 중심 내용에 속한 구체적인 내용을 묻는 것으로, UFO의 발견에 대한 여러 가지 다른 설명을 해 보라는 것입니다. 그러므로 문제의 답은 (2), (3), (4)번 문장이라고 말하면 됩니다.

이런 문제는 매우 쉽죠? 그런데 이런 문제를 자꾸 해결해 봄으로써 자신도 모르는 사이에 어느덧 사고력과 이해력이 점점 발달하게 되는 것입니다.

⦿ 다음 문제를 스스로 풀어 보세요.

자연의 많은 신호들은 우리들에게 겨울이 온다는 것을 말해 준다. 야생 동물들은 음식을 저장하기 시작한다. 그들의 몸에 난 털은 더욱 길어지고 두꺼워진다. 나뭇잎들은 말라 땅에 떨어진다. 많은 새들은 남쪽으로 날아간다.

문제 01 위의 글은 무엇에 대한 글일까요?

문제 02 중심 내용에 속하는 구체적인 내용은 무엇입니까?

> **해설**
> 문제 01_ 겨울이 온다는 자연의 신호
> 문제 02_ 첫 문장이 중심 문장이고, 나머지는 중심 문장을 뒷받침해 주는 문장들입니다.

⦿ 좀 더 긴 내용을 읽고, 그 내용에서 중심이 되는 문장이 무엇인지 찾아보는 연습을 해 봅시다. 다음 글을 읽고 물음에 답해 보세요.

사람들은 서로 도우면서 살아간다. 결혼식처럼 기쁜 일이 있을 때는 온 마을 사람들이 자기 일처럼 생각하며 서로 도와준다. 그리고 장례식과 같은 슬픈 일이 생겼을 때도 마을 사람들이 다함께 돕는다. 또 농사철이 되면 집집마다 돌아다니면서 함께 농사일을 돕는다.

문제 01 위의 글에서 중심 문장은 어느 것입니까?

문제 02 중심 문장을 설명하기 위해 어떤 예를 들었습니까?

해설
문제 01_은 글의 전체 내용을 대표할 수 있는 문장이 있으면 찾아보라는 것입니다. 그럴 경우 '사람은 서로 도우면서 살아간다.'라는 문장이 가장 중심이 된다고 말할 수 있습니다. 왜냐 하면 중심 문장을 보충해 주는 여러 예들이 등장하니까요.
문제 02_의 답을 찾기 위해서는 중심 문장을 설명해 주는 예들을 찾으면 됩니다. 따라서 사람들이 서로 도우며 살아가는 예를 살펴보면 '결혼식, 장례식, 농사일' 등이 있습니다.

○ 다음 글을 읽고, 물음에 답해 보세요.

사람이 살아가는 데 꼭 필요한 것이 있다. 옷은 우리의 몸을 보호하고 예절을 지키기 위해 필요하며, 음식은 우리의 건강을 유지하고 생명을 이어가는 데 필요하다. 그리고 집은 우리가 편안히 쉴 수 있는 공간이며, 재산을 보호하는 데 필요하다.

문제 01 위의 글에서 중심 문장은 어느 것입니까?

문제 02 중심 문장을 설명하기 위해 어떤 예를 들었습니까?

해설
문제 01_첫째 문장
문제 02_옷, 음식, 집

◯ 다음 글을 읽고, 물음에 답해 보세요.

인호는 햄버거를 좋아하지 않는다. 인호의 어머니는 햄버거 공장에서 일을 하신다. 인호의 어머니는 여러 종류의 햄버거를 집에 가지고 오신다. 인호는 너무 많은 햄버거를 먹어서 더 이상 그것을 좋아하지 않는다.

문제 01 위의 글에서 중심 문장은 어느 것입니까?

문제 02 중심 문장을 설명하기 위해 무엇을 예로 들었습니까?

해설

문제 01_ 첫째 문장 '인호는 _____ 않는다.
문제 02_ 나머지 문장들이 첫 문장을 설명해 준다.

◯ *잠깐 쉬어가기* : 옛 사람 공부 산책

> 글을 읽을 때는 정신을 집중하여 입으로는 외우고, 마음으로는 생각하면서 자신의 의문을 반복 연구하며, 그 음절을 억양 있게 내고, 정신을 너그럽고 겸허하게 갖는 데 힘써야 한다. 이와 같은 방법을 오래 계속하면 의리가 흡족하고 총명이 날로 열릴 것이다.
>
> – 청전관 이덕무(1741~1793년)

글의 전체 내용을
간단하게 요약하라

문단에는 반드시 중심 내용이 있습니다. 중심 내용이란, 전체 내용을 간단하게 요약한 부분을 말합니다. 글의 중심 내용이 문단에 제시되어 있는 경우라면 중심 내용을 찾기가 쉽습니다. 그러나 문단에 제시되어 있지 않은 경우에는 글 전체의 내용을 나타낼 수 있도록 간단하게 요약하여 표현해야 합니다. 글을 읽고 그 내용을 간단하게 요약하는 것은 사고력과 이해력을 증진시킬 수 있는 지름길입니다.

○ 다음 글을 읽고, 물음에 답해 보세요.

'경찰견'은 마약을 찾거나 다른 범죄자들을 추적하는 역할을 하며, '안내견'은 시각 장애인들이 길을 걸어가거나 외출할 때 도움을 주는 역할을 합니다. 그리고 '애완견'은 가족에게 기쁨을 주는 역할을 합니다. 그리고 농장에서는 양떼를 몰거나 보호하는 역할을 합니다.

문제 01 위의 글에 대한 요약으로 알맞은 것은?

① 개는 여러 종류가 있다.

② 농장의 개는 양떼를 몬다.

③ 개는 여러 가지로 사람을 돕는다.

④ 경찰견은 무섭다.

해설

위의 글에서 답을 직접 찾아보세요. 여러분이 찾은 답이 맞는지 살펴보겠습니다. 답을 찾기 위해서 먼저 '이 글은 무엇에 대한 글인가?'하는 물음에 답해 보세요. 그렇습니다. '개'에 대한 글입니다. 개에는 경찰견, 시각 장애인을 돕는 길잡이 개, 애완견, 농장에 있는 개 등이 있습니다.

이런 개들이 각각 무슨 일을 하는지 한번 생각해 보세요. 개들은 여러 가지 방법으로 사람들을 돕습니다. 따라서 글의 중심 내용은 '개는 여러 가지 방법으로 사람을 돕는다.'라는 것이 됩니다.

②번은 문단 내용 중의 일부이기 때문에 전체 내용을 대표할 수 없으며, ④번은 본문 중에 '경찰견은 무섭다'라는 내용이 없으므로 정답이 아닙니다.

본문에 개의 종류에 대한 내용은 있지만 이 문장의 핵심 내용은 각각의 개들이 어떤 일을 하는지에 관한 것이므로 ①번 또한 정답이 아닙니다. 따라서, 정답은 ③번이라는 것을 알 수 있습니다.

● 다음 글을 읽고, 물음에 답해 보세요.

학생들이 운동을 할 때는 체육복을 입고, 병원에서 일하는 의사와 간호사는 가운을 입는다. 그리고 도로에서 교통정리를 하는 교통 경찰관은 제복을 입는다.

문제 01 이 글은 무엇에 대한 글입니까?

문제 02 위의 글에 대한 요약으로 알맞은 것은?

① 운동할 때는 체육복을 입는다.

② 하는 일에 따라 입는 옷도 다르다.

③ 의사와 경찰관은 다른 종류의 옷을 입는다.

④ 옷은 잘 입어야 한다.

해설

문제 01_옷

문제 02_②

⬤ 다음 글을 읽고, 물음에 답해 보세요.

도시의 거리를 달리는 자동차에서 내뿜는 매연은 도시의 공기를 오염시킨다. 그래서 도시 사람들은 매연을 줄이기 위해 노력한다. 자동차에서 사용하는 연료의 질을 높이거나, 자동차에 매연을 줄이는 장치를 하여 도시의 공기가 오염되는 것을 막고자 노력한다. 또 심하게 매연을 내뿜는 차는 다니지 못하도록 하거나 폐차 처분을 시키기도 한다.

문제 01 위의 글은 무엇에 대한 글입니까?

　　　　① 도시의 자동차

　　　　② 도시의 공기

　　　　③ 자동차의 매연

　　　　④ 자동차의 연료

문제 02 위의 글에 대한 요약으로 알맞은 것은?

　　　　① 자동차의 매연은 공기를 오염시킨다.

　　　　② 자동차의 매연을 줄이기 위한 방법

　　　　③ 자동차 연료의 질을 높이기 위한 방법

　　　　④ 자동차의 종류

해설
문제 01_③
문제 02_②

조선시대에 매우 어질기로 유명한 맹사성이라는 정승이 살고 있었다. 그는 정승이라는 높은 벼슬자리에 있었지만 매우 조그만 오두막집에서 살았다. 맹사성은 너무 청렴하여 비단 같은 호화스런 옷은 아예 입을 생각조차 하지 않았다. 그러던 어느 해, 추석 명절을 맞이하게 된 맹 정승은 고향에 갈 생각을 했다. 맹 정승은 앞뜰에 있는 밤나무와 감나무에 열매가 열린 것을 보니 고향이 더욱 그리워졌다. 맹 정승은 하인을 불러놓고 말했다.

"이번 추석에는 고향에 성묘를 갈 생각이다. 그러니 고향에 갈 준비를 해 놓거라."

"예, 나으리."

분부를 받은 하인은 기름이 번지르르하게 흐르는 튼튼한 말 한 필과 성묘 음식을 준비했다. 그런데 맹 정승은 하인이 준비해 놓은 것을 보며 버럭 소리를 질렀다.

"네 이놈, 누가 그렇게 호사스러운 준비를 하라고 했느냐?"

맹 정승은 하인을 호되게 나무라며, 말 대신에 소를 준비하라고 말했다. 또 맹 정승은 음식도 몇 가지만 아주 간소하게 준비하라고 말했다.

마침내 맹 정승은 소를 타고 고향을 향해 출발했다. 한편, 맹 정승의 고향에서는 맹 정승이 온다는 소식을 듣고 온 고을이 떠들썩했다. 그 고을 원님인 양원은 사람을 시켜 길을 닦아 놓은 다음 장호원까지 나가서 맹 정승을 기다렸다.

그런데 그때 말끔하게 닦아 놓은 길에 아주 초라한 늙은이가 소를 타고 오는 것이 보였다. 그러자 양원의 하인 중 한 사람이 늙은이를 보고 소리를 질렀다.

"아니, 지체 높은 정승이 지나갈 길을 먼저 지나가다니 썩 물러나지 못할까?"

이 말을 들은 맹 정승이 말했다.

"소를 타고 내 고향으로 가야 하오."

"아니, 저런 무례한 자가 있나!"

그러자 맹 정승의 하인이 말했다.

"이 분이 바로 맹 정승이십니다."

하얀 곁에 서 있던 양원은 이 말을 듣고 깜짝 놀라 달아났다. 맹 정승은 달아나는 양원을 불렀다. 그리고 소에서 내린 후, 양원에게 물었다.

"왜 그렇게 달아나시오?"

"제가 그만 대감을 알아뵙지 못하고 무례한 죄를 저질렀습니다."

"그런 말씀 마시오. 도리어 이렇게 여기까지 마중 나와 날 환영해 주니 고맙기 이를 데 없소."

맹 정승은 땅에 엎드려 있는 양원을 일으키며 말했다.

짧은 이야기 긴 생각

양원이 실수한 것은 맹 정승의 겉모습만 보고 판단했기 때문이다. 겉모습만 보고 판단하면 잘못된 판단을 내릴 수 있다. 예를 들면 '저 애는 얼굴이 예쁘니까, 마음씨도 예쁠 거야', '고구마가 저렇게 울퉁불퉁하니, 맛이 없겠다' 등의 판단은 겉모습만 보고 판단하는 것이다.

잠깐 쉬어가기 : 옛 사람 공부 산책

학업을 하는 날이 적고, 세상 일에 매달리는 날이 많으면 터득한 것을 금방 잊게 된다. 이는 마치 칼을 가는 자가 칼날이 서자마자 갑자기 칼을 가는 일을 멈추고 많이 써 먹으면 금방 칼날이 무디게 되는 것과 같으니, 어찌 공부하는 방법으로 옳은 일이겠는가?

– 퇴계 이황(1501~1570년)

07

시험을
잘 치르는 방법

:: 시험을 잘 보는 것도 기술이다

왜 시험을 볼 때는
기억이 잘 나지 않을까?

시험을 잘 보기 위해서는 기술이 필요합니다. 즉, 시험에서 좋은 성적을 거두려면 시험을 위한 준비 방법, 시험을 잘 치르는 기법, 시험에 대한 불안을 감소시키는 방법, 노트를 활용한 시험공부법, 시험 시간을 계획하는 방법 등과 같은 구체적이고 짜임새 있는 기술을 터득하고 있어야 합니다.

지금까지 우리는 여러 가지 공부법에 대해 배웠습니다. 이 시점에서 우리에게 가장 중요한 것은 시험을 잘 치르는 것입니다. 아무리 공부를 열심히 하더라도 시험을 잘 치르지 못하면 기대한 만큼 좋은 점수가 나오지 않습니다.

여러분이 시험과 관계없이 평소에 조금씩 복습과 예습을 꾸준히 해 왔다면 특별히 시험 준비를 하지 않아도 될 것입니다. 그러나 대부분의 학생들은 평소에 공부를 하지 않다가 시험을 치르는 날짜가 발표되면 그때부터 정신없이 공부하는 경우가 많습니다.

한편, 평소에 공부를 열심히 하는데도 꼭 시험을 치르면 공부한 내용이 기억이 잘 안 나는 경우도 있습니다. 이런 때 여러분은 너무 답답해서 마구 소리라도 지르고 싶은 심정일 것입니다. 왜 이런 일들이 발생할까요?

이번에는 이런 일들이 발생하는 이유에 대해 알아보고, 이와 아울러 시험을 잘 치를 수 있는 방법에 대해서도 알아보겠습니다. 시험을 치르는 방법을 알고 있는 것과 모르고 있는 것은 대단히 중요합니다. 왜냐하면 그 결과를 점수로 확인할 수 있기 때문입니다. 아래에 있는 내용을 다시 한 번 읽고, 깊이 생각해 보십시오.

● 시험을 잘 치르기 위한 10가지 원칙

1	문제의 질문을 끝까지 읽어 보십시오.	
2	시험 전날 밤을 새워가며 공부하지 마십시오.	
3	시험공부를 할 때 시험에 나올 만한 문제들을 생각해 보십시오.	
4	문제지를 받으면 한 번 훑어 보고 문제를 푸십시오.	
5	시험 치기 전 이전에 치렀던 '시험 문제지'를 다시 훑어 보십시오.	
6	시험을 치를 때 마음이 불안하면 눈을 감고 심호흡을 하십시오.	
7	쉬는 시간에 이미 치룬 시험의 정답을 맞춰 보지 마십시오.	
8	모든 문제를 푼 다음, 처음부터 끝까지 답을 잘못 표시한 것이나 못 푼 문제는 없는지를 살펴 보십시오.	
9	채점을 한 시험지를 선생님으로부터 돌려받은 후 틀린 문제가 있으면 그것이 왜 틀렸는지 다시 공부하십시오.	
10	모르는 문제에 매달려 너무 오랜 시간을 끌지 마십시오.	

시험을 잘 치르기 위해 10가지 원칙만이라도 지킨다면, 시험에 대한 부담은 많이 줄어들 것입니다.

지금부터 여러분에게 시험을 잘 치르는 방법에 대해서 매우 구체적으로 설명하려고 합니다. 꼼꼼하게 읽고 그대로 한번 따라해 보세요. 다음 시험에서는 틀림없이 좋은 점수를 얻게 될 것입니다.

시험을
잘 보기 위한 방법

시험공부를 하거나 시험을 치를 때 일반적으로 알고 있어야 하고, 반드시 지켜야 할 방법들이 있습니다. 시험을 치르는 날짜가 발표된 후에 시험공부를 시작하면 좋은 성적을 거둘 수 없다는 것을 명심하십시오. 이는 어떤 종류의 시험이든 마찬가지입니다. 그렇다면 어떻게 공부해야 시험을 잘 치를 수 있을까요?

❶ 효과적으로 공부하는 방법을 알고 있어야 합니다.

❷ 공부할 때는 정신을 집중해야 합니다.

❸ 시험지를 받기 전에 약 1분 동안 눈을 감고 마음을 차분하게 안정시키십시오.

대부분의 학생들은 어떤 문제가 나왔을까 궁금하여 시험지를 받자마자 문제를 풀기 시작합니다. 또 어떤 학생은 옆 친구와 이야기하며 떠들기도 하고, 너무 불안하여 다리를 떨기도 합니다. 이러한 태도는 시험을 잘 치르는 데 아무런 도움이 안됩니다. 이제부터는 조용히 눈을 감고 약 1분 동안 정신 집중을 해 봅시다.

❹ 시험 문제를 두 번씩 읽어 보십시오.

시험지를 받으면 어떤 문제들이 나왔는지 처음부터 끝까지 훑어보십시오. 훑어보는 동안 답을 아는 문제가 있으면 일단 정답을 적어 놓습니다. 그리고 첫 문제로 되돌아가서 차근차근 문제를 풀기 시작합니다.

❺ 규칙적으로 공부하는 습관을 기르십시오.

평소 공부를 규칙적으로 해 놓으면 시험공부를 특별히 해야 할 필요가 없습니다. 그날 배운 내용은 반드시 그날 이해하고 넘어가야 합니다. 그리고 시험 전날 밤에는 평소보다 일찍 잠자리에 드는 것이 좋습니다. 밤을 새워 공부하면 오히려 그 다음 날 시험을 치를 때 엉뚱한 실수를 하게 될 수도 있습니다.

❻ 문제에서 질문하는 내용을 끝까지 읽어 보아야 합니다.

대부분의 학생들이 가장 많이 실수하는 부분이 바로 이 부분입니다. 즉, 문제의 질문 끝에는 '…이 아닌 것을 골라라', '…와 틀린 것을 골라라' 등과 같이 나오는 경우가 많습니다. 그러므로 문제를 끝까지 읽지 않고 답하면 그 문제의 답을 알고 있어도 결국 틀리고 맙니다.

❼ 채점한 시험지를 선생님으로부터 되돌려받은 후 어떤 문제를 틀렸는지 살펴보고, 왜 틀렸는지를 생각해 보십시오. 그리고 모르는 문제인데 맞은 것이 있으면, 마찬가지로 다시 한 번 확실하게 알고 넘어가도록 해야 합니다.

❽ 시험을 치르는 동안 마음이 불안하면 눈을 감고 다시 한 번 정신을 집중해 봅니다.

❾ 모든 문제를 푼 다음에는 실수한 곳이 있는지 처음부터 끝까지 꼼꼼하게 훑어봅니다.

시험지와 답안지가 나누어져 있는 경우에는 시험지의 번호에 맞게 정답을 적었는지 반드시 확인해 보아야 합니다. 또 답을 미처 적지 못한 문제가 있는지, 이미 쓴 답을 고쳐야 할 필요성이 있는 문제는 없는지 등을 전체적으로 살펴보아야 합니다.

❿ 시험 일정이 발표된 이후에는 절대 새로운 책을 보면 안 됩니다.

어떤 학생들은 새로운 문제집이나 참고서를 구입하여 공부하기도 하는데, 이는 절대로 올바른 공부법이 아닙니다. 평소에 공부하던 문제집과 참고서를 중심으로 복습하는 것이 제일 좋습니다. 차라리 선생님이 수업 중에 나누어 준 유인물 등을 다시 한 번 살펴보는 것이 더욱 효과적입니다.

또 시험 일정상 마지막 날에 치르는 과목을 먼저 공부해 두는 것이 좋습니다. 첫날에 치르는 과목은 적어도 3일 이전부터는 공부를 시작해야 합니다. 그렇게 해야 충분하게 공부할 수 있으며, 시험에 대한 불안도 어느 정도 줄어들게 됩니다.

⑪ 시험을 치르는 전날 밤에는 일찍 자고, 그 다음날은 일찍 일어나는 것이 좋습니다.

시험을 치르기 전날 밤에는 12시 이전에 잠자리에 들도록 합니다. 잠을 자는 동안 두뇌는 그날 공부한 것을 정리합니다. 많은 공부를 하더라도 잠을 자지 않으면 두뇌가 그 내용을 정리할 수 없으므로, 시험을 잘 치를 수 없습니다. 시험 걱정 때문에 공부는 안되고, 잠도 잘 오지 않겠지만, 될 수 있으면 일찍 잠자리에 드는 것이 좋습니다. 또 시험을 치르는 날은 평소보다 조금 일찍 일어나 가벼운 운동을 하는 것이 좋으며, 아침을 반드시 먹는 것이 좋습니다. 그리고 학교에 평소보다 일찍 등교하여 첫 시험 과목을 위해 준비한 노트를 한번 훑어보는 것이 좋습니다.

⑫ 불안한 친구들과 어울리지 마세요.

평소에 열심히 공부를 했더라도 중요한 시험을 앞두고 여러 가지 불안한 기분을 느낄 수 있습니다. 어떤 친구들은 머리가 아프다든지, 속이 메스껍다든지, 몸을 부들부들 떤다든지 하는 여러 증세가 나타납니다. 이런 친구들과 너무 오랫동안 같이 있으면 자신도 모르게 불안해질 수 있으므로 시험 기간 만큼은 피하는 것이 좋습니다.

⑬ 시험을 치를 때 시간 배당을 잘 하고, 질문을 주의해서 잘 읽으세요.

시험지를 받으면 문제마다 시간 배당을 잘해야 합니다. 잘 모르거나 어려운 문제에 너무 많은 시간을 사용하면, 뒤에 나와 있는 쉬운 문제를 시간이 부족하여 놓칠 수 있습니다. 그래서 시험을 치르는 중간에 시험 시간이 얼마나 남았는지를 자주 점검해 보아야 합니다. 문제를 읽을 때는 정신을 집중하여 읽으면서 질문의 뜻을 정확하게 이해해야 합니다. 또 질문을 끝까지 읽어서 아는 문제를 틀리는 일이 없어야 합니다.

⑭ 쉬운 문제를 먼저 풀도록 하세요.

수학 시험 문제가 20문제 출제되었다면, 그 속에는 쉬운 문제와 어려운 문제, 그리고 보통의 문제들이 골고루 섞여 있습니다. 시험지를 받으면 문제를 풀기 전에 처음부터 끝까지 어떤 문제들이 출제되었는지 훑어보아야 합니다. 이때 풀기 쉬운 문제가 있다면 표시해 두고, 공식이나 공부한 내용이 떠오르는 문제가 있다면 빈 곳에 메모를 해 둡니다.

이런 작업이 끝나면, 처음부터 쉬운 문제들을 풀어 나가기 시작합니다. 일단 쉬운 문제들을 모두 풀었으면, 그 다음으로 어려운 문제들을 풀어 나갑니다. 이때는 문제 푸는 시간을 잘 배당하여 시간이 부족하지 않도록 해야 합니다. 문제를 풀다가 도저히 풀 수 없는 어려운 문제라면, 일단 다른 문제부터 풀도록 해야 합니다. 어려운 문제에 끝까지 매달리면 다른 쉬운 문제를 풀 시간마저 놓쳐 좋은 점수를 받지 못하게 됩니다. 쉬운 문제를 풀 때도 질문을 정확하게 읽는 것이 중요합니다. 아는 문제인데도 틀리는 이유는 질문을 끝까지 읽지 않기 때문입니다.

시험 시간이 끝나기 5분 전까지는 시험 문제를 모두 풀어야 합니다. 왜냐하면 나머지 5분 동안 문제 전체를 점검해야 하기 때문입니다. 문제와 답안지가 별도로 분리되어 있을 경우 정답을 제대로 적었는지, 실수한 곳은 없는지 등을 다시 한 번 살펴보는 것이 좋습니다. 객관식 문제의 경우 혹시 답을 적지 않은 문제가 있다면 답과 가장 비슷하다고 생각하는 번호에라도 표시를 하는 것이 좋습니다.

● 잠깐 쉬어가기 : 옛 사람 공부 산책

> 난리(세상이 어렵다고)가 났다고 학문을 게을리하지 말라. 아침에 깨우침을 얻게 되면 저녁에 죽어도 후회할 것이 없는 것이다.
>
> – 송갑조가 아들인 우암 송시열(1607~1689년)에게 보낸 편지글 일부

시험을 보는 동안
버려야 하는 마음가짐

시험 시간표가 발표되면 많은 학생들은 흥분을 감추지 못합니다. 어떤 학생은 자신의 실력을 발휘할 생각에 마음이 들떠 있고, 어떤 학생들은 머리가 아프고, 속이 메스껍고, 앞이 캄캄한 증세를 호소하기도 합니다.

이번에는 시험 기간 동안 대부분의 학생들이 가지는 태도에 대해 살펴보겠습니다.

첫째, 시험을 치르기 2주 전에는 시험이 아직도 2주 정도 남아 있음을 확인하고, 조금은 편안한 마음으로 하루하루를 보냅니다.

둘째, 시험을 치르기 1주일 전이 되면 시험이 얼마 남지 않았음을 새삼 깨닫습니다. 일단 시험 범위부터 파악하고, 어떤 과목부터 포기할 것인지를 정합니다.

셋째, 시험을 치를 때 너무 긴장해서 아는 것도 제대로 못 적고 나옵니다. 교실 밖으로 나오니까 그 문제의 정답이 비로소 생각납니다.

넷째, 시험을 모두 마친 후 '내가 왜 공부를 안 했을까, 다음 시험 때는 절대로 이런 일이 없도록 하자'고 마음속으로 굳게 다짐합니다.

다섯째, 시험이 끝나면 언제 그랬냐는 듯이 똑같은 일을 반복합니다.

되돌려받은 시험지를
분석해 본다

선생님으로부터 되돌려받은 시험지는 자신의 실력을 재점검하는 중요한 자료입니다. 이 결과를 분석해 두면 자신의 부족한 부분을 정확하게 파악할 수 있습니다. 오답 노트를 작성하는 데도 이 과정은 반드시 필요합니다. 이번에는 시험지를 검토하는 방법에 대해 알아보겠습니다.

첫째, 시험지를 되돌려받은 후 정답을 쓴 문제라도 정말로 자신이 답을 알고 맞힌 것인지를 검토해 보아야 합니다. 이 과정은 가볍게 훑어보면서 짧은 시간 내에 끝낼 수 있습니다. 이때에는 대충 짐작하여 맞힌 답도 함께 분석하고 검토해야 합니다.

둘째, 만일 시험지를 되돌려받지 못했다면 선생님께 시험지를 보여 달라고 요청하여 어떤 문제가 틀렸는지 알아보세요.

셋째, 각 시험 문제가 출제된 곳이 어디인지 살펴보아야 합니다. 즉,

교과서, 노트, 참고서, 문제집, 학습지, 수업 시간에 나누어 준 유인물 중 어디에서 시험 문제를 출제했는지를 살펴보아야 합니다. 이는 다음 시험 준비를 할 때 좋은 자료가 됩니다.

넷째, 틀린 답을 분석해 봅니다. 문제를 잘못 읽었는지, 공부를 하지 않아서 틀린 것인지, 공부를 하였는데도 틀렸는지 등을 알아보세요.

문제를 잘못 읽었다면 다음 시험에서는 문제를 두 번씩 천천히 읽어야 합니다. 아는 내용인데 틀린 문제가 있다면, 다음 번에는 더 충분히 이해하려고 노력해야 합니다. 시험 문제가 너무 어려웠다면, 틀린 것에 대해 너무 실망하지 않아도 됩니다. 그 문제는 다른 친구들도 많이 틀렸을 것이기 때문입니다.

다섯째, 풀지 못한 문제가 있는지 살펴보십시오. 만일 있다면 어려워서 못 풀었는지, 시간이 없어서 못 풀었는지를 생각해 봅니다. 그리고 그에 맞는 대책을 세워 두어야 합니다. 시간이 없었다면 다음 번에는 시계를 준비하여 시험을 치르도록 합니다. 그리고 쉬운 문제를 먼저 풀고, 어려운 문제는 나중에 푸는 연습을 해 두어야 합니다. 또 마지막 5분 동안은 답을 맞게 적었는지를 살펴보아야 합니다.

여섯째, 시험 문제가 주제를 묻는 것인지, 구체적인 내용을 묻는 것인지를 점검해 봅니다. 또 질문 내용이 문제집들에서 많이 본 것들인지, 아니면 선생님께서 여러 자료에서 뽑아 만든 것인지를 검토합니다.

이런 과정을 거치게 되면 첫째, 평소 미처 모르고 있었던 부분을 알 수 있고, 둘째 다음 시험에 효과적으로 대비할 수 있으며, 셋째 기초 공사를 튼튼히 함으로써 고학년에 진학할수록 좋은 성적을 거둘 수 있는 바탕을 마련할 수 있습니다.

하나의 사물을 깊이 생각하여 깨우친 뒤에 비로소 다시 다른 사물을 깊이 생각했다. 만일 미처 깨우치지 못하면 음식을 먹어도 그 맛을 모르고, 길을 나서도 어디로 가야 할지 알지 못했다. 더러는 며칠 동안이나 잠을 이루지 못하기도 했으며, 어떤 때는 눈을 감았다가 꿈속에서 깨닫기도 하였다. 이렇게 공부한 지 6년만에 사물 가운데 이치를 깨닫지 못하는 것이 거의 없게 되었다.

– 화담 서경덕(1489~1546년)

시험 문제 유형에 따라
대처하는 방법

시험 문제 형식은 크게 주관식 시험, 객관식 시험, 문제 풀이형 시험으로 구분할 수 있습니다. 주관식에는 논문형, 단답형 등이 있으며, 객관식에는 선택(다)형, 완성형, 진위(참, 거짓)형, 배합형 등이 있습니다. 문제 풀이형 시험이란, 수학이나 과학의 계산 문제를 해결하는 식으로 출제되는 것을 뜻합니다. 대부분의 학생들은 객관식 시험에 익숙해져 있으며, 서술형이나 주관식 문제를 해결하는 데는 조금 서툴다고 할 수 있습니다.

그런데 중요한 것은 모든 시험은 그 형식과 관계없이 공부한 내용을 어느 정도 알고 있는지 검증하는 도구라는 사실입니다. 이번에는 주관식, 객관식, 문제 풀이형 시험은 각각 어떤 것이고, 어떻게 대비해야 해야 하는지에 대해 알아보겠습니다.

주관식 시험

주관식 시험은 질문하는 내용에 대한 정답을 빈칸에 적어 넣는 방식입니다. 다음은 주관식 시험 문제를 잘 풀 수 있는 방법들을 제시한 것입니다. 이 방법들을 잘 익힌 다음, 시험을 치를 때 꼭 활용해 보시기 바랍니다.

❶ 시험지를 받으면 모든 문제들을 쭉 훑어봅니다.

- 문제를 훑어볼 때 그와 관련된 답이 떠오르면 문제 옆에 간단하게 메모해 둡니다.
- 쉬운 문제와 어려운 문제들을 구별합니다(각 문제에 시간을 어떻게 배당할 것인지를 계획합니다).

❷ 질문에 사용된 중요한 용어를 살펴봅니다.

❸ 먼저 답하기 쉬운 문제부터 해결해 나갑니다.

- 답하기 전에 간단히 개요를 만듭니다.
- 개요를 논리적으로 배열해 봅니다.

❹ 문장 중에 빈칸이 있을 경우에는 답을 쓴 다음, 문법적으로 말이 되는지를 살펴봅니다.

❺ 시간이 없다면 개략적으로 답을 적습니다.

❻ 모르는 문제는 맨 나중에 해결합니다.

- 질문에 대한 답을 전부 모르더라도 알고 있는 몇 가지라도 적습니다.
- 정확한 답을 모를 때는 비슷하게라도 답에 접근해 나갑니다.

객관식 시험

객관식 시험의 종류에는 진위형, 선다형, 문제 해결형 등이 있습니다. 객관식은 주관식과 달리 질문에 답하기 위한 충분한 정보가 주어집니다. 객관식 시험을 잘 치르기 위한 전략은 다음과 같습니다.

진위형은 주어진 두 개의 답 가운데 하나만 고르는 것을 말합니다. 이 시험은 아주 간단한 시험 형태처럼 보이기도 합니다. 그러나 결코 가볍게 생각해서는 안 됩니다. 질문하는 내용들이 매우 까다로울 수 있기 때문입니다. 따라서 '때때로, 대개, 아마도, 대부분, 일반적으로' 등과 같은 말에 각별히 주의해야 합니다.

❶ 이중 부정에 주의해야 합니다['무감각하지 않은, 잘못 확인되지 않은, ~이(가) 없지 않은' 등].

❷ 문장을 주의 깊게 읽어야 합니다.

❸ 주요 용어와 단어에 밑줄을 그으면서 읽어야 합니다.

선다형 시험은 객관식 시험의 가장 일반적인 형태입니다. 4개 또는 5개의 답지들 중 하나를 고르거나, 여러 개의 답을 고르는 문제입니다. 질문하는 부분은 대개 의문문으로 나타냅니다. 진위형 문제에서와 마찬가지로 선다형의 질문 부분에도 역시 중요한 낱말을 많이 사용합니다. 그러므로 여러분은 이러한 중요한 낱말들을 주의 깊게 읽어야 합니다. '가장 특별히, 가장 효과적인, 가장 적절한, 가장 밀접한, 가장 정확한, 가장 부적절한, 가장 중요하지 않은' 등이 이에 속합니다. 따라서 답을 고르는 것은 쉬운 일이 아닙니다. 선다형 시험을 치를 때 적용할 수 있는 몇 가지 전략들을 살펴보겠습니다.

1. 질문하는 부분을 주의 깊게 읽어야 합니다.

2. 답을 짐작해 봅니다. 그런 다음 답지들에서 답을 찾아봅니다.

3. 답지에 있는 모든 답들을 생각해 봅니다. 맞는 답이 많으면 문제를 다시 읽어 봅니다.

4. 선다형 답지들을 서로 비교해 봅니다. 답이 다 맞는 것 같거나, 답이 없는 것 같을 때는 내용들을 서로 비교해 봅니다.

5. 질문과 답지들이 문법적으로 맞는지를 살펴봅니다.

6. 답을 알 수 없으면 다음 문제로 넘어가고, 문제를 다 푼 후에 풀지 못한 문제를 다시 한 번 살펴봅니다.

7. 정답은 다른 답들보다 그 내용이 굉장히 길거나, 아주 짧은 경우가 있습니다.

문제 해결(논술)형 시험

주관식과 객관식의 문제 형태와 약간 다른 문제 해결 시험은 수학, 사회, 과학 등의 시험을 치를 때 많이 사용됩니다. 문제 해결형 시험들에서는 문제 해결 과정과 함께 결과를 모두 중요하게 판단하여 점수를 주는 경우가 많습니다. 예를 들어, 수학 시험 문제에서 풀이 과정은 틀렸는데 답이 맞은 경우가 있고, 답은 틀렸는데 문제 풀이 과정은 맞는 경우가 있습니다. 그래서 문제 해결형 시험은 문제를 풀이하는 과정과 답이 모두 맞아야 정답으로 인정하는 경우가 많습니다. 문제 해결형 시험에서 높은 점수를 받기 위한 방법은 다음과 같습니다.

① 우선 시험지를 받으면 질문과 관련된 공식과 법칙 등을 기억해 보고, 기억이 나면 옆에 적어 둡니다.

② 쉬운 문제부터 해결해 나가고, 시간이 남으면 풀지 못한 문제를 다시 풀어 봅니다. 한 문제를 풀기 위해 너무 많은 시간을 보내면 절대로 안 됩니다.

③ 문제에 대한 정답만이 중요한 것이 아니라 푸는 과정도 중요하기 때문에 체계적으로 차근차근 문제를 풀어 나갑니다.

④ 모르는 문제가 있다면, 그와 비슷한 문제를 푼 적이 있는지 생각해 봅니다.

○ *잠깐 쉬어가기* : 옛 사람 공부 산책

> 책을 읽는다고 하면서 실제로 몸소 행하지 못하면, 문장을 아름답게 꾸미게 하고 입만 번지르르하게 하는 도구일 뿐이니, 이는 진정한 학문이 아니다.
>
> – 명재 윤증(1629~1714년)

왜 시험을 볼 때는
늘 불안할까?
– self checking

　많은 학생들은 시험을 잘 치르기 위해 많은 준비를 합니다. 요즘은 학생의 수준에 맞는 반을 편성하기 위해 학원에 들어갈 때도 시험을 치른다고 합니다. 어떤 학생들은 시험을 치를 때마다 초조해 하거나 불안해 합니다. 그래서 공부는 많이 했는데도 시험 점수는 기대한 만큼 나오지 않는 경우가 많습니다. 이와 같이 시험에 대한 불안은 좋지 않은 시험 결과로 나타납니다.

　뿐만 아니라 두통, 현기증, 불면증, 소화불량 등 신체적으로 이상 증세가 나타나기도 합니다. 하지만 때로는 약간의 긴장감은 도움이 될 수도 있습니다. 하지만 너무 심한 초조감과 불안한 마음은 시험을 망칠 수도 있으므로 주의해야 합니다.

　이번에는 시험을 치를 때 어느 정도 불안을 느끼는지에 대해 알아보겠습니다. 그리고 시험 불안 감소 전략 훈련을 통해 불안을 감소시키는 방법에 대해 알아보겠습니다.

시험 불안 재보기

여러분의 시험 불안이 어느 정도인지 재어 봅시다. 다음은 여러분이 평소 학교에서 시험을 치를 때 일어나는 마음의 상태를 묘사해 놓은 것입니다. 이 질문지에는 좋고 나쁜 답이나, 맞고 틀리는 답은 없습니다. 따라서 솔직하게 답하면 됩니다. 다음의 20개 문장을 읽고 시험 도중에 경험했던 마음의 상태와 일치하는 번호 하나를 적으면 됩니다. 즉, 거의 그렇지 않을 경우는 ①, 자주 그렇다고 생각되면 ②, 가끔 그렇다고 생각되면 ③, 거의 항상 그렇다고 생각되면 ④를 적으면 됩니다.

1	시험을 치르는 동안에 마음이 떨린다.	
2	시험을 치르는 동안에 손에 땀이 나고 멍해진다.	
3	시험 때문에 머리와 배가 아프다.	
4	시험 점수를 생각하면 시험공부가 잘 되지 않는다.	
5	시험을 치르는 동안 너무 긴장되어 속이 거북하다.	
6	시험을 치르는 동안에도 마음이 느긋해지지 않고 불안하다.	
7	중요한 시험에 대비하여 공부할 때 더욱 자신이 없다.	
8	시험을 치를 때 걱정이 되어 몸이 뻣뻣하게 굳어진다.	
9	시험을 치르는 동안 겁에 질리는 듯한 느낌이 든다.	
10	시험을 치르는 동안 상급 학년으로 올라가는 것이 두렵다는 생각이 든다.	
11	중요한 시험을 치르기 전에도 마음이 불편하다.	

12	시험 준비를 할 때 그 시험에 대해서 생각하면 당황한다.	
13	시험을 치르는 동안에 '실패하면 어쩌나' 하고 생각한다.	
14	성적이 나쁠 것이라는 생각이 들면 시험에 정신 집중이 되지 않는다.	
15	시험을 치르는 동안에 가슴이 두근거리는 것을 느낀다.	
16	시험을 치르는 동안에는 신경이 날카로워진다.	
17	시험이 끝난 후에도 그 시험에 대한 걱정을 그만 둘 수 없다.	
18	시험공부를 많이 한 경우에도 시험에 대해 불안하다.	
19	시험을 치르는 동안에 너무 초조하여 아는 답도 잊어버린다.	
20	채점한 답안지를 돌려받을 때 마음이 편하지 않다.	

합계 점수

위의 질문에 대한 결과를 설명해 볼까요? 20개의 문장에 적은 숫자를 모두 합하여 제일 아래 '합계 점수'칸에 적으십시오. 합계 점수를 20으로 나누면 평균이 나옵니다.

합계 :
평균 : 합계/20 =

여러분에게 필요한 것은 평균 점수입니다. 여러분이 얻은 점수가 얼마인지를 다시 확인해 보세요. 그리고 여러분의 불안이 아래 기준 중에서 어디에 속하는지 알아 보세요.

● 해석 기준

0.0~1.0	거의 불안하지 않음.
1.1~2.0	약간 불안한 느낌
2.1~3.0	상당히 불안한 느낌
3.1~4.0	극도의 불안한 증세

만일 불안의 정도가 심하다면, 즉 평균이 2.0 이상이라면 상담센터에 가서 상담을 받는 게 좋습니다.

○ *잠깐 쉬어가기* : 옛 사람 공부 산책

> 나는 사서(四書)에 대해서 언제나 1년에 해야 할 과제물이나 매월 공부할 과정을 정해서 공부해 왔다. 그 중에서도 『맹자』 7편에 대해서는 연구하고 음미하는 데 특별한 노력을 기울였다. 이는 주자가 '모름지기 맹자가 내 가슴속에 들어와 앉도록 글을 수백, 수천 번을 읽으면 저절로 그 뜻을 알게 된다.'고 한 말처럼 되기를 원했기 때문이다.
>
> — 정조(1770~1800년)

시험에 대한
불안한 마음을 다스려라

많은 의사들은 환자들을 수술할 때 약간의 불안을 느낀다고 합니다. 어떤 의사들은 불안이 심하면 수술을 잘못할 수도 있기 때문에 불안 수준을 감소시키기 위해 수술과 관계된 모든 사항을 수술 전에 철저히 점검합니다.

시험을 치르기 전이나 시험을 치르는 동안에 시험 불안이 심하면, 공부했던 내용도 잘 기억나지 않아 시험을 망치기도 합니다. 어떤 학생은 두통, 배앓이, 심각한 정신적 스트레스 등으로 병원을 찾기도 합니다.

의사들이 수술 전이나 수술하는 동안 약간의 불안을 느끼면 오히려 수술이 잘된다고 하듯이, 시험을 치르는 동안 갖게 되는 약간의 불안은 시험에 더 정신을 집중하게 해 줍니다. 시험을 치르는 학생이라면 어느 정도의 불안한 마음은 생기기 마련이며, 약간의 불안감은 오히려 도움이 될 수 있습니다.

시험에 대한 불안을 낮추려면 먼저 시험을 철저하게 준비해야 합니다. 이와 함께 시험 전날 잠을 잘 자야 하며, 몸과 마음을 편안하고 느긋하게 만들어야 합니다. 시험지를 받을 때 약 30초 동안 눈을 감고 심호흡을 몇 번하는 것도 도움이 됩니다.

또 시험 시간 마지막 몇 분 동안은 문제를 풀 생각을 하지 말아야 합니다. 시간이 몇 분 남지 않았는데 계속 문제를 풀면 시험 불안이 증가되어 올바른 답을 쓴 문제도 수정할 가능성이 있습니다. 시험 불안이 생겼을 때, 껌을 씹거나 캔디 같은 것을 먹는 것도 어느 정도 도움이 됩니다.

시험을 치를 때는 자신감을 가져야 합니다. 시험 시간을 잘 배정하고, 배점이 높은 문제와 낮은 문제들은 어떤 것들인지를 살펴보는 것도 잊지 말아야 합니다. 시험 문제의 질문 내용이나 지시 사항을 주의 깊게 읽어 봅니다. 객관식 시험 문제의 정답이 애매할 경우, 처음에 답한 것을 다른 답으로 고치는 것을 신중하게 생각해야 합니다. 확률로 볼 때 처음에 답한 것이 정답일 확률이 높기 때문입니다.

의사는 수술이 끝나면 자신이 언제 불안을 느꼈는가 싶게 불안한 마음이 저절로 없어진다고 합니다. 마찬가지로 시험이 끝나면 '내가 언제 불안을 느꼈지?'라고 말할 정도로 결과에 관계없이 불안한 느낌이 사라집니다. 따라서 약간의 불안감은 시험에 집중하는 데 도움을 준다는 긍정적인 생각을 가져야 합니다. 또 시험 때는 나뿐만 아니라 다른 친구들도 불안하다는 생각을 하면서 현실을 받아들여야 합니다.

여러분들이 지금까지 공부한 내용들은 상급 학교에 진학한 후에도 그대로 적용됩니다. 여러분들이 그동안 열심히 공부했다고 하더라도 정적

시험을 치를 때 기억이 나지 않으면 공부한 만큼의 점수가 나오지 않게 됩니다. 따라서 열심히 공부하는 것 못지않게 시험을 잘 치르는 방법도 알고 있어야 합니다. 시험을 치를 때마다 이 내용을 한 번씩 읽고 시험을 치른다면 틀림없이 시험 점수를 잘 받을 수 있을 것입니다.

깊은 산속에서 산삼을 찾던 심마니가 있었다. 그는 날이 어두워지고 밤이 깊어가자 허기진 배를 채우고자 하룻밤을 지내기 위해 가까운 절을 찾았다. 법당 안에 늙은 중이 어떤 사람과 마주앉아서 이야기를 주고받고 있었다. 그는 섬돌로 올라가서 마루 끝에 걸터앉았다.

"게 누구냐?"

늙은 중은 거만한 태도로 물었다.

"지나가는 길손이올시다."

"무슨 일로 왔는가?"

"하룻밤 신세를 질까하고 왔습니다."

늙은 중은 법당에 있는 사람과 이야기를 하는데 방해가 되자 은근히 약이 올랐다. 그러자 심술궂은 중은 내기를 하여 그를 쫓아 버리려고 하였다.

"글도 좀 배운 청년 같으니, 글 한 수 지어 보겠나? 글을 지을 줄 알면 따뜻한 밥과 하룻밤 묵을 방을 주겠네."

창피를 주어 내쫓으려는 속셈이었다.

"좋습니다. 배운 것은 그리 많지 않지만 한번 지어 보지요."

늙은 중은 침을 뱉듯이 운을 떼었다.

"타."

심마니는 두 사람을 골탕 먹이고 싶었다. 그래서 처음에는 좀 칭찬해 주다가 나중에는 망신을 주자는 계획을 꾸몄다.

"나무아미타불 타."

늙은 중은 고개를 갸웃했다. 그러나 기분이 나쁘지는 않았다. 첫 구절에 염불을 해 주었기 때문이다.

"또, 타."

"극락 세계 참 좋타."

스님은 점점 기분이 좋아졌다. 그러나 여기에 넘어가면 대접을 해야 하기 때문에 막힐 때까지 계속했다.

"또, 타."

"큰 절 기둥이 불긋 타."

"타."

"저녁 나그네 시장 타."

"또, 타."

"네 절 인심 고약 타."

이 구절이 나오자 늙은 중은 벌컥 화를 냈다.

"그런 해괴망측한 내용이 어디 있느냐?"

"내용은 자유가 아니오? 그런 운을 부르니까 그렇게 대답할 수밖에 없지요."

"뭣이 어째?"

"아직 한 구절이 남았으니 더 불러 보리다."

"닥쳐라!"

그러나 그는 마지막 귀를 말했다.

"지옥까지 꼬옥 좋~타."

"여봐라, 저놈을 당장 이 절에서 끌어내도록 하여라."

새들만 가끔씩 소리 내어 울고 있었다.

어떤 판단을 하는 데 있어서 기분에 따라 판단을 하면 안 된다. 위의 이야기에서 중은 처음 약속과 달리 자신의 기분에 따라 상황을 판단하고 있다. 이처럼 기분에 따라 판단하면 잘못된 판단을 내리기 쉽다. 예를 들어 어느 날 어떤 친구가 집에서 놀다가 꽃병을 깨뜨렸다. 그날은 엄마 기분이 좋아서 아무 일 없이 넘어갔다. 그런데 며칠 후 어항을 깨뜨렸을 때는 엄마 기분이 안 좋아서 무척 혼이 났다. 위의 두 가지는 비슷한 사건이었지만 결과는 전혀 다르게 나타났다. 이것은 기분에 따라 다르게 반응한 좋은 예라고 할 수 있다. 이처럼 기분에 따라 다르게 판단하기 때문에 판단에 대한 오류가 발생하게 된 것이다.

따라서 어떤 사실에 대해 판단을 할 때는 판단 기준이 정확해야 할 뿐만 아니라 기분에 따라 판단하지 않아야 한다.

잠깐 쉬어가기 : 옛 사람 공부 산책

글을 읽는 가장 중요한 목적은 반드시 성현들의 말씀과 행동을 본받아서 그것을 자기 것으로 만들 수 있는 경지에까지 이르는 데 있다. 그러므로 서둘러 글을 읽거나 그냥 넘겨 버리면 그 책을 읽었지만 별로 소득을 얻을 수 없는 것이다.

— 퇴계 이황 (1501~1570년)

08

자기만의 노트법

:: 1등과 꼴찌는 노트 필기부터 다르다

시험 문제 10개 중 8개는
수업 내용에서 출제된다

시험 문제가 주로 어디에서 출제되었는지를 분석해 보았습니다. 그 결과 10문제 중 8문제는 수업 내용에서 출제되었습니다. 그리고 8문제 중에는 수업 시간에 선생님께서 학생들에게 질문한 내용 중에서 출제되었습니다. 따라서 수업 시간은 시험 성적을 올릴 수 있는 매우 중요한 시간이라고 할 수 있습니다.

학생들은 도서관이나 집에서 참고서나 자습서 등 많은 자료를 가지고 열심히 공부를 합니다. 그렇지만 선생님께서 수업 시간에 설명해 주는 것만큼 효과를 내기 어렵습니다. 따라서 수업 시간만큼은 무슨 일이 있더라도 정신을 똑바로 차려 선생님의 설명을 잘 들어야 합니다.

노트 필기하는
비법

① 중요한 내용을 간단하게 요약하여 적습니다. 노트 필기를 할 때는 선생님의 말씀을 모두 적을 시간이 없습니다. 따라서 중요한 것만 적거나 간단하고 짧은 문장으로 적어야 합니다.

철수는 오늘 아침 일찍 일어나 아침을 먹고 학교에 갔는데 지각을 했다	×
철수는 아침에 지각함	○

② 중요한 내용에는 표시를 해 두거나 색칠을 합니다. 중요한 내용에 표시를 한다든지 색칠을 해 놓으면 눈에도 잘 띄고, 기억도 더 잘 됩니다. 따라서 이러한 표시와 색칠을 적절하게 사용하는 것은 공부를 하는 데 많은 도움을 줍니다.

❸ 수업 중에 모르는 내용이 있으면 선생님께 질문을 하고, 친구들이 선생님에게 하는 질문도 열심히 듣습니다. 그리고 노트에 기록해 둡니다.

❹ 수업이 끝난 후에 빠진 부분이 있는지 등을 한 번 더 점검합니다. 그리고 빠진 부분이 있으면 친구들에게 물어서 보충하고, 좀 더 알고 싶은 것이 있다면 집에 오자마자 참고서나 인터넷을 통해 보충합니다.

수업 중에 최소한
이것만은 하자

❶ 선생님이 칠판에 적는 내용을 노트에 적어라

선생님이 수업 시간에 칠판에 적는 내용은 중요한 것입니다. 그래서 그 내용을 노트에 적어야 합니다. 노트에 적을 때는 알아볼 수 있도록 적어야 합니다. 글씨를 엉망으로 쓰면 나중에 무슨 글씨인지 모를 수 있으므로 누구나 쉽게 알아볼 수 있도록 또박또박, 정확하게 기록해야 합니다. 또 필기를 할 때는 아래와 같이 약자나 기호를 사용하는 것이 좋습니다.

예를 들면	예	중요하다	*
잘 모름	?	첫째, 둘째	1, 2
시험에 나온다	(시)	반복해 설명함	(반)

❷ 선생님의 설명 중에서 주의 깊게 들어야 할 단어들에 집중하라

아래와 같은 단어 다음에 나오는 말들은 노트에 반드시 적어야 합니다. 또 칠판에 별표 등과 같이 중요한 표시를 한 경우나 특별한 색깔로 강조한 것 등은 노트에 꼭 적어야 합니다.

예를 들면, '그 원인은', '가장 중요한 것은', '요약하면', '~은 기억하라', '~은 시험에 자주 나온다' 등입니다.

❸ 선생님께서 학생들에게 질문한 내용이 있으면, 그 내용을 노트에
　 적어라

이 질문 내용은 매우 중요한 것이므로 시험에 나올 가능성이 매우 높습니다. 선생님께서 여러분에게 질문하는 것은 중요하기 때문입니다. 반드시 노트에 꼭 적은 후, 알아 두기 바랍니다.

○ 잠깐 쉬어가기 : 옛 사람 공부 산책

> 말로 남을 가르치는 것, 행동으로 남을 가르치는 것, 글로 남을 가르치는 것은 각기 그 방법이 나뉘어 있는 것이 아니다. 이것은 다 마음에 깨달은 것을 실천하여 입에 올려 말이 되고 책으로 저술하여 글이 된 것이니, 그 가르침은 한 가지다.
>
> – 혜강 최한기(1803~1877년)

자기만의 노트는
나의 영원한 기록이다

수업 시간에는 선생님의 말씀에 주의를 기울여 열심히 들어야 합니다. 선생님께서 설명한 내용을 이해했으면 그 내용을 노트에 적습니다. 노트에 적은 내용은 대부분 중요한 것들입니다. 이렇게 차곡차곡 노트에 배운 내용을 기록하면 세상에 하나밖에 없는 자신만의 영원한 참고서가 됩니다.

노트 필기를 하는 가장 중요한 목적은 시험에 대비하기 위해서입니다. 시험공부는 잘 정리 정돈된 노트 한 권만 있으면 충분합니다. 노트 필기를 충실히 해 놓지 않으면 시험공부를 할 때 교과서, 참고서, 문제집 등을 모두 펴놓고 공부해야 하기 때문에 시간도 많이 걸리고, 머릿속에서 정리가 되지 않아 결국 시험을 망칠 수 있습니다.

수업시간에
잘 듣는 요령

수업 시간에 들은 것을 기억하는 것은 읽으면서 기억하는 것보다 어렵습니다. 혼자 공부를 할 때는 천천히 읽거나, 때때로 멈추거나, 잘 모르는 것을 다시 한 번 생각한 후에 읽을 수 있지만, 수업 시간에는 한 번밖에 들을 수 없기 때문입니다. 수업 중에 선생님의 말씀을 듣고 이를 동시에 노트에 옮기기는 쉽지 않습니다. 따라서 무엇보다 중요한 것은 선생님의 수업 내용을 잘 듣고 이해한 다음에 노트에 적어야 한다는 것입니다.

수업을 잘 듣는 것은 새로운 정보를 정리하는 또 다른 형태라고 할 수 있습니다. 우리가 '무엇을 읽느냐'보다 더욱 어렵고 중요한 것은 '무엇을 듣느냐'입니다. 하지만 대부분의 학생들은 이 사실을 간과하고 있습니다. 다음은 학생들이 수업 내용을 잘 듣기 위한 방법을 제시한 것입니다.

- 수업 전에 교과서를 예습합니다.
- 무엇을 들을 것인지를 결정합니다.
- 요점만을 주의 깊게 듣습니다.
- 수업 내용을 비판적으로 듣습니다.
- 선생님의 설명에 정신을 집중해서 귀를 기울입니다.

특히, 다음과 같은 단어들이 나올 경우, 좀 더 주의 깊게 귀를 기울일 필요가 있습니다. 그리고 들을 때는 편안한 자세로 듣고, 한두 번 자세를 바꿔 봅니다.

'첫째로, 더 중요한 것은, 끝으로'
'반면에, 그러나, 더구나'
'예컨대, 왜냐하면, 특별히'
'…는 중요하다, …에 귀를 기울여라'
'…는 시험에 나올 수 있다, …를 잊지 말라'

여러분은 지금까지 수업 시간에 선생님의 말씀을 잘 듣는 방법에 대해 공부했습니다. 이것은 수업 시간뿐만 아니라 공부와 관계 있는 여러 강연회 등에도 적용됩니다. 듣는 것과 노트에 적는 것은 따로 떼어 생각할 수 없습니다. 따라서 노트에 잘 적는 유일한 방법은 주의 깊게 집중해서 잘 듣는 것입니다.

수업 시간에 나쁜 습관

① 수업이 지루할 것이라고 단정합니다

공부를 못하는 학생은 수업이 지루할 것이라고 단정하고, 정신을 집중하지 않습니다. 이런 결정은 아주 성급한 것입니다. 공부를 잘하는 학생은 선생님의 설명이 지루하더라도 중요한 내용이 포함되어 있을 것이라는 생각으로 수업 시간이 끝날 때까지 주의 깊게 듣습니다.

② 선생님을 비평합니다

어리석은 학생들은 단조로운 목소리나 구겨진 옷 등과 같은 선생님의 단점을 찾으려고 애씁니다. 그리고 선생님의 설명에는 중요한 것이 없다고 판단합니다.

③ 다른 생각을 합니다

어리석은 학생은 수업 시간에 다른 생각을 하기 때문에 선생님께서 무슨 설명을 하셨는지 잘 모릅니다. 그러나 자세가 올바른 학생은 선생님의 말씀에 귀를 기울입니다.

④ 사실만 듣습니다

어리석은 학생은 선생님께서 설명하는 하나의 사실만을 듣습니다. 왜 설명을 하고 있는지, 그 내용이 다른 어떤 원리와 밀접하게 관계되어 있는지를 알고 싶어 하지 않습니다. 하지만 우등생들은 선생님께서 설명하는 하나의 사실을 다른 여러 가지 원리와 관련지어 좀 더 폭넓게 이해하려고 노력합니다.

⑤ 모든 내용을 듣습니다

어리석은 학생은 모든 내용을 노트에 옮기려고 노력합니다. 하지만 우등생은 선생님의 설명 중에서 중요한 것과 모르는 것을 구별하여 주의 깊게 듣습니다.

⑥ 잘 듣는 척합니다

어리석은 학생은 선생님에게서 눈을 떼지 않고 멍하니 쳐다봅니다. 선생님을 쳐다보는 것만으로 공부가 저절로 된다고 생각합니다. 훌륭한 학생은 40~50분 수업하는 동안 선생님의 설명을 자신의 실력을 쌓을 수 있는 좋은 기회라고 생각하고 주의 깊게 듣습니다.

❼ 주의가 산만합니다

어리석은 학생은 수업 내용에는 관심이 별로 없기 때문에 다리를 떨거나, 핸드폰으로 문자를 보내거나, 연필을 떨어뜨리기도 합니다. 그러나 훌륭한 학생은 선생님의 설명에 정신을 집중하기 때문에 이런 행동을 하지 않습니다.

● *잠깐 쉬어가기 : 옛 사람 공부 산책*

> 괴이한 행동을 하지 말고 괴벽한 이치를 찾지 말라. 옛 성현들이 세운 규범이 있으니 어디 다른 데로 가겠는가. 도는 효성과 공경에서 시작되고, 공부는 바르고 곧음에서 시작된다. 세월은 빠르게 흘러가는 것, 밤낮으로 쉬지 않고 공부하라.
>
> – 갈암 이현일(1627~1704년)

듣고
노트하는 요령

첫째, 수업을 듣기 전에 반드시 예습을 합니다. 수업 내용을 예습한 것과 비교해 보고, 의문점이나 문제 의식을 가져 봅니다.

둘째, 잘 모르는 내용이 있다면 질문을 하여 꼭 알아 둡니다.

셋째, 칠판에 적은 내용을 한번쯤 생각해 보고, 완전히 이해한 후에 노트에 적습니다.

넷째, 노트의 좌우에 충분한 여백을 둡니다.

다섯째, '중요한 것은~', '특별히', '~는 시험에 나올 수 있다', '~는 잊지 말아라' 등과 같은 말에 특히 주의를 기울입니다.

여섯째, 선생님께서 반복해 설명하시는 내용을 꼼꼼하게 받아 적습니다.

일곱째, 설명을 들을 때는 선생님의 설명을 이해하였다는 행동을 합니다(예를 들어 고개를 끄덕이는 것과 같은 행동).

보고
노트하는 요령

먼저 읽어라

① 글을 읽을 때 문단마다 중요한 문장에 밑줄을 긋거나 색연필로 표시해 둡니다.

② 주제 문장을 보충하는 여러 문장들이 있다면, 일련번호를 붙여 둡니다.

③ 이런 표시를 나중에 노트에 적거나 공부할 때 활용합니다.

짧은 글 노트 정리하기

노트 정리를 하는 것은 많은 양의 내용을 간략하게 정리하기 위해서입니다. 즉, 교과서의 내용을 간추려 요약하고 정리하는 것을 뜻합니다. 여러분이 노트 정리에 완전히 능숙해지려면 다음과 같은 두 단계를 거쳐야 합니다. 첫째, 노트에 정리하기 전에 문단의 내용을 읽고 중요한 내용에 밑줄을 칩니다. 둘째, 찾아낸 중요 내용들을 노트에 잘 정리하기 위해서는 먼저 알아보기 쉽도록 정리해야 합니다.

중요 정보 발견하기

중요한 내용을 노트에 필기하기 전에 우선 무엇이 중요한 내용인지를 알아야 합니다. 그것을 알기 위해서는 먼저 내용을 꼼꼼히 읽어 보아야 합니다. 중요한 내용을 찾아내었으면 밑줄을 긋습니다.

밑줄을 긋기 전에 반드시 문단 내용을 끝까지 읽고, 중요한 내용이 무엇인지를 결정한 후, 그 부분의 문장에만 밑줄을 긋도록 합니다. 즉, 중요한 내용과 중요하지 않은 내용을 분리해 내는 능력이 필요합니다. 여러분이 이러한 학습 능력을 키우기 위해 해야 할 일은 다음과 같습니다.

노트 필기 능력을 키우는 3가지 과제
- 노트에 정리할 내용들을 대충 훑어봅니다.
- 내용을 읽으면서 주제를 찾습니다.
- 주제와 관련된 세부 사항들을 찾습니다.

주의 사항

노트 정리는 교과서 등의 내용을 요약하여 정리하려고 할 때나 시험 준비를 위해 주로 사용되는 방법입니다. 노트를 정리하는 것은 공부의 과정이기 때문에 학습 습관은 물론 학업 성적에도 많은 영향을 미칩니다. 노트를 정리할 때 반드시 주의해야 할 사항은 다음과 같습니다.

- 문장, 단어, 구(句) 중 어떤 것으로 기록할 것인지를 먼저 결정합니다. 가능하면, 짧은 글로 기록합니다.
- 문장이 길면 사선 표시(/)를 하여 구분합니다.
- 되도록 간단한 형태로 적도록 합니다.

긴 글 노트 정리하기

긴 글을 노트에 정리하기 위한 규칙은 없습니다. 그러나 일반적으로 다음과 같은 과정을 거친다고 할 수 있습니다.

❶ 단락을 나누어 본다

문단은 주제 문장 하나와 몇 개의 세부 문장(뒷받침 문장)으로 이루어져 있습니다. 단락의 중심 생각을 '주제'라고 합니다. 주제문은 주제가 들어 있는 문장을 말하며, 세부 문장은 주제 문장을 뒷받침해 주는 문장들을 말합니다.

문단들이 모여 있는 것이 단락입니다. 단락이 나누어져 있지 않은 글의 경우 전체 내용을 한 번 훑어보고, 주제에 따라 문단을 나눌 수 있어야 합니다. 따라서 전체의 대강을 생각한 다음, 내용의 흐름을 생각하며 나눌 수 있어야 합니다.

❷ 주제문을 찾아낸다

단락 나누기가 끝났으면 그 다음에는 단락의 주제를 찾아야 합니다. 주제 문장을 먼저 찾아야만 주제 문장 안에서 주제를 찾을 수 있습니다. 주제를 찾은 다음에는 주제를 뒷받침해 주는 세부 문장들을 찾습니다. 한 단락에서 주제 문장과 세부 문장들을 찾아보는 것은 독해 능력을 향상시킬 뿐만 아니라 요약문 작성 능력도 길러 줍니다. 앞에서도 밝혔듯이 세부 문장들의 기능은 주제 문장에 대한 이유, 예시, 설명 등입니다.

모든 문단을 이런 방식을 이용하여 분석합니다. 분석이 끝났으면 글 전체에 대한 주제문을 작성해 보도록 합니다.

❸ 글 전체에 대한 주제문을 찾아본다

문단의 모임인 단락도 주제 단락과 뒷받침 단락으로 나누어집니다. 글 전체의 주제가 명시되어 있는 단락이 존재하는 경우도 있습니다. 경우에 따라서는 여러 문단들을 통해 단락의 주제를 찾아내야 하는 경우도 있을 수 있습니다. 일단 글 전체의 주제를 찾아냈으면 주제 단락을 뒷받침해 주는 세부 단락들을 찾아내면 됩니다.

❹ 단락 상호간의 관계를 알아본다

단락을 기능에 따라 분류하면, 글의 주제와 관련이 깊은 중심이 되는 주제의 단락, 글을 쓰는 동기나 목적, 관제 등을 제시하여 독자의 관심을 유발시키는 단락, 앞 단락의 내용을 더욱 상세하게 설명해 나가는 전개 단락, 그리고 글의 마무리와 결론을 포함하고 있는 단락, 앞 단락의 내용을 자세히 풀어 말하는 설명 단락, 적당한 예를 들어 보여 주는 예시 단락, 앞에서 진술된 내용을 보충하거나 덧붙여 주는 보충 단락 등으로 나눌 수 있습니다. 단락을 이와 같은 방법으로 구분해 보면 글들이 어떻게 이루어져 있는지를 쉽게 알아낼 수 있습니다.

한 농부가 장터에서 당나귀를 고르고 있었다.

"이 당나귀가 가장 마음에 드는군요. 그런데 이 당나귀는 부지런합니까?"

"물론이지요. 만일 부지런하지 않으면 바꿔드립니다."

농부는 새로 사온 당나귀를 우리 속에 집어넣었다. 당나귀는 이리저리 돌아다니며 새로 사귈 친구를 찾았다. 얼마 후, 당나귀는 가장 말썽을 피우는 당나귀 옆에 가서 같이 먹이를 먹으며 어울렸다. 농부는 곧 새로 사온 당나귀를 시장으로 데리고 가서 그 당나귀를 판 농부에게 말했다.

"이 당나귀는 너무나 게으르니 다른 것과 바꿔 주시오."

짧은 이야기 긴 생각

당나귀를 산 사람은 부적합한 판단을 내리고 있다. 왜냐하면 시장에서 사온 당나귀가 사귄 당나귀는 가장 말썽을 피우는 당나귀였다. 이것만으로 새로 사온 당나귀가 게으른 당나귀라고 결론을 내린 것이다. 결론을 내릴 때는 충분한 근거가 있어야 한다. 일부분만을 보고 판단하면 오류를 범할 수 있다.

○ 잠깐 쉬어가기 : 옛 사람 공부 산책

글씨는 마음의 그림이다. 그러므로 반드시 단정하게 써야 하고, 초서와 진서(篆書) 또한 모름지기 세밀하고 깊이 있게 익혀야 한다.

– 점필재 김종직(1431~1492년)